LES ESCLAVES.

EXULIBUS

EXUL.

LES
ESCLAVES,

POÈME DRAMATIQUE

EN CINQ ACTES ET EN VERS

PAR

EDGAR QUINET.

BRUXELLES

IMPRIMERIE DE CH. VANDERAUWERA,

MONTAGNE AUX HERBES-POTAGÈRES, 25.

1855

PRÉFACE.

I

Voici un drame qui ne dispute la scène à personne.

Quand je voyageais en Grèce, je m'asseyais dans la solitude, sur les gradins écroulés des théâtres antiques. Là, j'imaginais à mon aise, les plus belles tragédies du monde, auxquelles assistaient les chênes et les cyprès qui ont grandi dans l'enceinte. Tout mon espoir actuel, en publiant ce drame, est de le voir représenté dans les mêmes conditions, devant cette même conscience invisible, par une troupe de Faunes sortis, tout exprès, avec leurs masques d'airain, des ruines de Messène ou de Corinthe.

Je me suis trouvé en un temps, où la conscience humaine m'a paru se troubler. Au milieu de la mêlée universelle, j'ai cherché à me bâtir une forteresse morale pour m'y abriter quelque temps. Dans un isolement presque complet, je pensais à la foule, dont j'entendais encore le murmure. C'est ainsi que ma pensée a pris la forme populaire du drame, sans songer où je rencontrerai mes spectateurs.

Je choisis pour mon héros l'Esclave; c'est le seul que les poètes et les historiens aient oublié.

Le personnage sur lequel reposait l'antiquité, est aussi celui qu'elle nous a fait le moins connaître; il portait le monde social sur ses épaules, et le monde l'a méprisé au point de n'avoir rien voulu savoir de lui. C'était la plaie éternelle de la société antique; et comme les hommes ont une répugnance invincible, à s'avouer le mal par lequel ils doivent périr, les anciens n'ont jamais tourné sérieusement les

PRÉFACE.

yeux de ce côté. Il en est résulté, que le point infirme de leur morale a été aussi le point infirme de leur intelligence et de leur art.

Comment ont-ils expliqué les révolutions serviles qui ont mis tant de fois en péril leur existence entière? A peine s'ils les racontent en quelques lignes furtives. Quand ils sont obligés de donner à ces insurrections une place dans l'histoire, l'humiliation éclate chez eux, avec une ingénuité cruelle. C'était trop déjà de constater les révoltes de cette *seconde espèce* d'hommes. Il ne pouvait entrer dans l'esprit des maîtres de chercher une cause morale aux incursions d'un troupeau privé, selon eux, de conscience et de raison. Le cœur humain, tel qu'ils le faisaient, n'avait rien à voir, ni à démêler, encore moins à acquérir dans l'étude de l'Esclave. A force de le dédaigner, ils se sont condamnés à l'ignorer.

Qui me dira pourquoi, dans ces révoltes, tant de brillants débuts aboutissent tous au même dénoûment, la ruine irrémédiable? Pourquoi ces innombrables armées serviles, si vite dissipées en poussière au premier souffle? Pourquoi ce sang d'esclave répandu par torrents, ne féconde-t-il pas, n'échauffe-t-il pas la terre? Il y a là un secret que je cherche; les anciens ne me le disent pas.

L'historien, le poète antique dès qu'il franchit le seuil du monde servile, prend un cœur d'airain. Il ne voit plus, il n'entend plus. Comment sentirait-il le drame des choses? Il a commencé par se dépouiller de la pitié; il ne garde de tous les sentiments, que le mépris. Ce n'est pas du sang, mais de l'eau qui coule sous ses yeux.

Si, encore, les anciens s'étaient contentés de ne rien dire de l'Esclave! Mais, pour mieux l'achever, ils l'ont tué par le ridicule. Les Latins surtout, se sont bornés à s'en faire dans la comédie un jouet monotone, un masque burlesque approprié à toutes les situations. Relégué hors de l'humanité, ils l'ont contraint de rire.

Ainsi après la déchéance, la dérision; et nulle part dans le monde fondé sur la servitude, ni le drame sérieux de l'Esclave, ni son histoire. C'est là un des grands vides qu'il appartient aux modernes de combler, s'il est vrai que tout ouvrage inspiré de l'antiquité, doit la compléter en quelque chose. Retrouver l'histoire intime de l'Esclave, son dialogue avec la société civile, le réintégrer dans sa misère morale, rendre une voix à ce chaos muet : si cela était donné à quelqu'un, ce ne serait pas seulement imiter l'antiquité, mais la continuer.

Reste à savoir où sont ces archives qu'aucune main n'a consenti à écrire. Où en retrouver un vestige, quand les vainqueurs ont dédaigné de raconter leur victoire ? On a pu restituer sur un débris d'ossements tout un monde antédiluvien. Sur quel débris reconstruirons-nous le monde antique de l'Esclave ? Sur nous-mêmes.

De la même manière, que les grands mouvements des peuples, les invasions qui ont rempli les quinze premières années de notre siècle, ont rendu aux historiens de nos jours le sentiment perdu des nationalités et des races, de même aussi les bouleversements intérieurs des États auxquels nous avons été mêlés, ont révélé peut-être sur les révolutions sociales de l'antiquité plus d'un secret qui lui a échappé. Le temps ou la nécessité nous a enseigné des choses que les anciens ont dédaigné de savoir. Dieu merci, nous portons encore au fond du cœur plus d'un anneau de la vieille chaîne; avec ce débris, je ne désespère pas de retrouver l'autre bout de chaîne rivé aux pieds des compagnons de Spartacus.

J'appelle révolution servile toute révolution qui se propose un but matériel, indépendamment de tout progrès moral, de toute émancipation spirituelle ou religieuse; et je m'explique ainsi le sort commun de ces entreprises, qui répétées à des époques si différentes, d'OEnus à Athénion, d'Athénion à Spartacus, semblent pourtant toujours la même, tant elles sont uniformes par le dénoûment. Comme la pensée, n'y joue qu'un faible rôle, l'audace n'y est qu'apparente. Bien qu'elles commencent par effrayer le monde, elles sont encore plus épouvantées d'elles-mêmes; car elles ont peur des conquêtes de l'esprit; et par là les plus fières, se mettent aussitôt dans l'incapacité de déplacer une motte de terre. Renfermées dans un cercle d'intérêts matériels, elles participent de l'uniformité des révolutions de la matière. On voit d'immenses forces déployées; tout leur cède; de grandes conquêtes sont accomplies; puis l'âme restant serve malgré l'affranchissement des bras, ces conquêtes s'évanouissent d'elles-mêmes, dès le premier sommeil du corps.

Si toutes les révolutions serviles sont ainsi identiques, il doit y avoir un drame de l'Esclave, lequel peut s'appliquer à tous les temps, à chacune des formes de société; reflet de la tragédie éternelle, qui a, dans chaque moment de la durée, un individu ou un peuple sur la scène.

Il m'a paru depuis longtemps, qu'une situation pathétique entre toutes, est celle de ce personnage confiné hors de la société civile dans un exil éternel, et dont les douleurs, les cris, le désespoir, les imprécations ne sont comptés pour rien. C'est ce qui m'avait attiré, un jour, auprès des figures de *Prométhée enchaîné* et d'*Ahasvérus errant*. J'ai voulu voir ce qu'il y avait au fond des malédictions amassées dans ces légendes de la Grèce et du Christianisme; j'ai déjà contenté, en partie, sur ce point, mon désir. Aujourd'hui je rencontre le véritable exilé, Spartacus, l'Esclave, celui qui est à la fois enchaîné au rocher, et errant à travers la terre; en lui je retrouve la chute du Titan, la proscription éternelle du Maudit, avec un surcroît d'ironie, qui manque aux deux premiers pour mettre le comble à leur enfer. D'ailleurs, ce n'est pas ici une légende, une vision. Il s'agit d'un être que j'ai moi-même vu de mes yeux, et pour lequel je porte témoignage.

En entrant dans l'antiquité, rien ne m'a plus frappé d'abord que ce terrible silence de l'Esclave. Il me paraissait que la faute était à moi si je ne discernais pas, sous les fêtes perpétuelles des anciens, au moins un soupir étouffé de ce monde souterrain. Mais non, cet enfer est resté muet; c'est bien à nous de le faire parler.

PRÉFACE.

Il y a, dans la lyre de l'antiquité, des cordes basses qu'elle n'a jamais voulu toucher. Aujourd'hui le vent qui passe fait vibrer d'elles-mêmes ces cordes oubliées; écoutez sur votre seuil et vous les entendrez.

On a décrit souvent les maux extérieurs de l'esclavage. Mais la plaie que la servitude fait à l'âme de l'Esclave, le spectacle de cette décomposition interne, cette ruine qui se détruit elle-même, ces chaînes de fer qui finissent par pénétrer jusques au cœur, et à le dénaturer, voilà ce qui n'a jamais été peint, que je le sache du moins. Voulez-vous avoir le spectacle de la chute dans l'homme? regardez cet esprit qui, au plus fort de sa révolte, ne songe pas même à s'affranchir; dans chacune des émancipations extérieures, il trouve un nouveau moyen de se circonscrire et de se lier. Ingénieux à déduire la servitude du milieu même de la liberté, le voilà qui rentre dans la nuit par le chemin qui mène les autres à la lumière. De décombres en décombres, il renverse l'esclavage sans s'apercevoir qu'il le porte en soi et le refait à chaque souffle. Un esprit qui, aveuglé par sa chute, se réveille en sursaut, puis s'enchaîne de sa victoire, se mutile, se poignarde dans le vertige, au moment où il s'imagine triompher, c'est là si je ne me trompe, en soi, la tragédie humaine par excellence.

J'ai essayé de montrer un coin de cette tragédie. On peut la refaire de cent manières, comme tous les grands sujets, que n'épuiseront jamais aucune société, aucune littérature. Mais si ce drame était exposé un jour aux yeux des hommes dans un langage digne du sujet; si ce monde d'Ilotes était montré à nu, au peuple, dans son ivresse morale qui est en même temps sa grandeur; si cette première idée, produisait une action capable de toucher une multitude; si à cela, se joignait une pompe extérieure, qui en fît un spectacle réel, je doute qu'il ne sortît pour le spectateur quelque impression salutaire, de cette vue de l'homme, ainsi promené, par des retours subits, du ver de terre au demi-dieu.

Rousseau, en même temps qu'il jetait son accusation contre les spectacles, n'a pu s'empêcher d'ajouter : « Il est sûr que des pièces, tirées » comme celles des Grecs, des malheurs pas- » sés de la patrie, ou des défauts présents du » peuple, pourraient offrir aux spectateurs des » leçons utiles. »

J'ai cru que ce serait un nouvel élément dans le drame, que de prendre l'homme là où on ne l'avait pas cherché, au-dessous de l'humanité, déformé, dénaturé, anéanti intérieurement par l'esclavage; puis, après l'avoir fait renaître, de le réparer par l'héroïsme; de telle sorte qu'ayant commencé par être moins qu'un homme, il finit par être le premier de tous. Il m'a paru que la nature humaine dans le bien et dans le mal, s'agrandissait de ce terrain conquis sur le néant. Il y a là tout un ordre de sentiments à restituer; l'instrument de la poésie peut s'en accroître de quelques notes.

A peine eus-je rétabli l'Esclave dans son ébauche de vie, il me sembla que mon drame se formait de lui-même, sans que j'eusse besoin d'aucun moyen artificiel; le patricien, le plébéien, l'affranchi, en faisaient eux-mêmes la trame. Je n'avais, pour ainsi dire, qu'à les laisser agir conformément à leurs instincts. La tragédie sociale nouait son intrigue par la force des choses.

J'ai suivi l'histoire dans le peu qu'elle nous a laissé. Là seulement où elle nous abandonne, j'y ai suppléé par l'invention. Les traits fournis sont si rares, que l'imagination y conserve un champ libre; encore ces traits purement extérieurs, ne touchent-ils jamais au monde moral.

Le temps, en détruisant le livre de Tite-Live sur Spartacus, a joint ses injures à celles des hommes. Il ne reste guère que quelques pages de Plutarque cachées dans la biographie de Crassus, et un court résumé de Florus.

Le récit du Grec conserve des traces d'humanité, sinon de sympathie. Quant à celui du Romain, il est partagé entre le mépris et la honte, lorsqu'il faut confesser que toutes les forces de l'empire ont été soulevées contre un *Mirmillon*. Jugez-en par ces traits : « Les en- » nemis (je rougis de leur donner ce nom), —

» Spartacus délibéra, et c'est assez pour notre
» honte, s'il marcherait sur Rome. — Encore
» si c'eussent été des esclaves! Ceux-là sont
» au moins une seconde espèce d'hommes!
» Mais des esclaves gladiateurs! »

A ces mots de Florus, opposez ceux-ci de Voltaire : « Il faut avouer que de toutes les
» guerres, celle de Spartacus est la plus juste,
» et peut-être la seule juste. » Vous aurez sous vos yeux dans ces lignes, le travail de la conscience humaine pendant dix-huit siècles.

Vainement de nos jours on croit être débarrassé de ces questions, quand on a dit que le Christianisme a fait disparaître l'esclavage. Je veux bien que vos corps soient déliés; qui me prouve, que le véritable esclavage, celui de la pensée ait disparu?

J'ai vu toute une société prise d'une même panique à ce mot parti on ne sait de quelle bouche : « *Les Barbares sont à nos portes!* » Peut-être se fût-on épargné cette épouvante, en se demandant, si ces Barbares ne sont pas plutôt les esclaves. D'après la réponse qu'on eût faite à cette question, toutes les résolutions eussent pu changer, puisqu'il n'est rien de si différent du Barbare que l'Esclave, et le procédé est tout différent pour civiliser l'un et pour affranchir l'autre. Le Barbare c'est la liberté; l'Esclave, l'égalité. Dans le premier vit le patriotisme de race; dans le second, le cosmopolitisme. L'un est individu, l'autre multitude; celui-là est étranger à la cité; celui-ci en porte le fardeau. Le Barbare ignore la civilisation; l'Esclave est le débris d'une civilisation ruinée.

Assurément c'est une chose très-différente de prendre le Franc dans sa forêt pour en faire un baron du moyen âge, ou de prendre un serf au foyer pour en faire le tiers-état moderne. Éducation, systèmes, arts, tout est opposé dans ces deux conditions : et de là il est indispensable de savoir de quelle nature d'homme nous tenons davantage. Cela est nécessaire non-seulement pour les institutions à fonder, mais pour le langage même qu'il

PRÉFACE.

convient de faire entendre dans la poésie et dans les arts.

S'agit-il vraiment de repousser des murailles de la cité le fier Sicambre? Pour moi, je supposerais plutôt qu'il s'agit de l'Esclave évadé que réclame le maître.

II

La pensée que mon drame ne se produira pas à la scène, ne m'a pas découragé. J'irai même jusqu'à l'avouer : à de certains moments, il est bon qu'il se produise quelque ouvrage loin de la scène. L'auteur n'ayant rien à espérer de la présence du public, ne sera tenté de lui faire aucune concession. Goëthe, Monti, Alfieri, Manzoni, en ont donné l'exemple. Que l'on veuille bien y songer. En appeler au jugement immédiat de la foule, au théâtre, quelle foi cela suppose, quel respect pour ces inconnus ! Quelle confiance dans l'élévation soudaine des esprits, et même dans les mœurs de ces hommes ! Je me tais s'ils murmurent ; je me déclare vaincu, je me retire, s'ils hochent la tête ! Admirable obéissance ! Elle suppose de la part du public un caractère et un respect de soi-même que je ne trouve plus.

Qui ne se rappelle le moment où notre public

PRÉFACE.   XVII

témoignait d'une avidité presque semblable à celle des spectateurs romains dans l'amphithéâtre? Il permettait difficilement sur la scène à un personnage d'en sortir sans y laisser au moins l'honneur. Ce n'était pas appétit du sang, mais curiosité et apprentissage de l'agonie morale. Les écrivains ont compris où menait cette pente; le public les applaudit de lui avoir résisté.

Changeons tant que nous voudrons les conditions extérieures de la scène, l'important sera toujours de savoir s'il reste encore une fonction sérieuse à exercer, au théâtre, dans nos sociétés. Il est frappant que les hommes sont dominés par les formes bien plus que par le fond des choses, même dans ce qu'il y a de plus spontané au monde, l'art. On vient seulement de s'apercevoir d'hier que les questions des vieilles unités si solennellement débattues, n'étaient que de pures formalités devant lesquelles le poète et le public se sont arrêtés pendant des siècles. Quelles luttes et que de génie n'a-t-il pas fallu de nos jours, pour en finir avec cette procédure, et quelle reconnaissance ne méritent pas ceux qui ont gagné la cause ! pourtant tout n'est pas fini avec le procès ; et le terrain si glorieusement conquis, il s'agit de savoir ce qu'il faudrait en faire.

Ici vous m'arrêtez sur le seuil ; vous m'annoncez qu'il est trop tard ; que le temps de la tragédie est passé pour jamais. Quoi ! se peut-il ? Le fond tragique a disparu de la vie humaine ? Le combat avec la destinée a fini pour tous ? Avec le moule classique ont disparu les pleurs au fond de l'urne ? Mais non ; telle n'est pas votre pensée. Vous voulez dire que l'homme ne se prend plus au sérieux. S'il en est ainsi, ce n'est pas la tragédie qui a cessé d'être, c'est l'homme même.

Après le drame héroïque, on a cru que le drame bourgeois est un progrès dans le sens populaire de l'art. Rien ne s'est montré plus faux. Le peuple même, en haillons, a besoin d'un héros ; il ne peut s'en passer. Il consume sa vie à le chercher. Si vous ne pouvez le lui trouver parmi les représentants éternels de la justice, il ira le choisir, fût-ce au cirque olympique, jusques chez ses oppresseurs.

Quand j'examine ce que j'éprouve devant une pièce du théâtre antique, ce n'est pas seulement un mélange de surprise, de pitié et de terreur, comme les critiques le disent. D'autres genres de poésie peuvent produire ces effets. Ce que je trouve, ce que je sens au fond du drame héroïque, c'est un sentiment très-particulier qui ne m'est inspiré à ce degré par aucun autre art, je veux dire le sentiment de l'héroïsme. Je me sens vivre de la vie plus intense des grands hommes, je reçois l'impression contagieuse de leur présence immédiate, je suis emporté dans le tourbillon de leur sphère. J'habite un instant avec eux la région où se forme la tempête qui frappe du même coup les États, les peuples, les individus. Ces sentiments ne sont-ils plus de mon temps?

Ébranler l'âme en tout sens n'est pas seulement l'objet de l'art dramatique. Il ne me suffit pas que mon cœur soit entre vos mains. Je veux encore dans cette émotion, ce trouble, sentir une force virile qui se dégage du fond même de votre œuvre, et qui, en se communiquant à moi, m'élève au-dessus de moi-même. Participer d'une nature supérieure, devenir pour un moment un héros, dans la compagnie des héros, c'est la plus grande joie que l'âme humaine soit capable d'éprouver. Voilà en quoi se ressemblent les théâtres d'Eschyle, de Sophocle, de Shakspeare, de Corneille, de Racine. Que me font les différences artificielles qui les séparent? Le principe chez eux est le même. Ils m'arrachent à ma raison vulgaire; ils me prêtent un moment de grandeur morale. Tout est là.

Remuer ce fond de tristesse héroïque qui survit dans l'homme à toute chose; le replacer un instant par surprise dans sa grandeur native ; remettre, en passant, ce roi détrôné dans les ruines de son palais, de peur qu'il ne s'accoutume à la déchéance, au fait accompli, à la tranquillité banale, à la domesticité, voilà ce qu'ils ont fait pour nos pères. N'avons-nous plus besoin de héros?

Ceci explique pourquoi la réduction de la

tragédie au roman est impossible. Ces choses sont de nature tout opposée ; les confondre, c'est les détruire. Que le roman me dévoile à mes yeux tel que je suis, sauf à me décourager et à m'énerver, il en a le droit. Je n'ai rien à prétendre de plus. Je n'attends pas de lui, au milieu des déchirements de l'âme, cette force virile, qui me transporte au-dessus de moi-même, pour me les faire dominer. Mais c'est là ce que que j'exige du drame. Je veux qu'il me montre non-seulement tel que je suis, mais aussi tel que je puis être. Car j'acquiers dans cette vue un redoublement de puissance. Mon être s'accroît de la possibilité d'existence que je découvre en moi. Je veux devenir un héros en vous écoutant.

Ainsi, mettre le spectateur de niveau avec les grandes destinées ; lui montrer qu'il est le familier, le compagnon des demi-dieux ; qu'il conserve en lui les restes d'une dynastie tombée ; l'intéresser par cette alliance à ne pas déchoir d'une telle parenté ; l'obliger de sentir, par la présence des temps les plus différents, qu'il porte en lui un commencement d'éternité; qu'il n'est pas seulement un bourgeois, un traitant, un solliciteur, mais qu'il fait partie du grand chœur de l'humanité, et que lui-même joue à cet instant, son personnage dans ce chœur, c'est-à-dire le personnage de l'éternelle conscience, le rôle du juge suprême; en un mot faire sentir à une âme vulgaire le plaisir d'une grande âme, telle me semble être la source la plus haute de l'émotion tragique. En ce sens, on peut concevoir pour le théâtre une fonction semblable à celle qu'il exerçait dans les démocraties anciennes.

Le public dans les pièces des modernes, joue silencieusement le personnage que remplissait le chœur chez les Grecs. C'est à former ce personnage muet de la Conscience, à tenir ce juge éveillé, que consiste la partie la plus élevée peut-être du poète dramatique. Il m'importe peu après cela que les méchants soient punis ou récompensés sous mes yeux; je vous en laisse le choix. Usez d'eux comme vous le voudrez pour mon plus grand divertissement. Qu'ils soient sur le trône ou sur l'échafaud, cela vous regarde et non pas moi. Qu'ils m'écrasent de leur victoire pendant cinq actes, je serai content, si vous m'avez transporté assez haut pour que leur châtiment soit déjà dans mon cœur. Je ne vous marchanderai pas même leur triomphe à la dernière scène. Il me suffit que leur juge survive chez moi au baisser du rideau.

Oserai-je l'avouer? Dans le drame moderne, malgré tout le génie qui y est dépensé, malgré la liberté de tout dire, de tout montrer, je me sens quelquefois plus captif que dans l'ornière de Corneille ou de Racine. Pourquoi cela? N'est-ce pas qu'en proportionnant par complaisance vos personnages à ma petitesse, vous m'emprisonnez dans ma propre misère? Vous me ramenez à moi, et c'est ce moi chétif qui me gêne et m'importune.

Que ne m'aidez-vous plutôt à en sortir? Essayez seulement. Il me semble que là dans le fond de mon être, il y a un personnage meilleur, plus grand, plus fort, qui m'apparaîtrait à moi-même, si vous aviez moins de complaisance pour ce personnage vulgaire que je suis, et que je joue tous les jours. Me voilà comme un marbre brut entre vos mains. Pourquoi en tirez-vous une table d'offrande, un trépied boiteux, une urne de sacrifice? Il y avait là peut-être la matière d'un demi-dieu. Usez-en donc plus durement avec moi, je vous prie; je croirai que vous m'en estimez mieux. Me traiteriez-vous par hasard comme un être déchu dont vous n'espérez rien?

Vous prenez une mesure ordinaire; vous me toisez de haut en bas et vous dites : Voilà ta grandeur.—Je vous crois. Mais que n'avez-vous ajouté une coudée? J'y aurais atteint peut-être par émulation. Car je ne suis pas une nature fixe, immuable; je suis une nature multiple et changeante. Ma compagnie fait une partie de moi-même; je me rapetisse avec les petits, je grandis avec les grands.

A quoi bon renverser sur la scène l'obstacle des vingt-quatre heures et celui des décorations, si mon âme ne profite pas de ces vastes espaces conquis pour se dilater avec la conscience universelle? Croyez-vous que je sois un enfant devant lequel vous ne puissiez parler des secrets importants de la famille humaine? Je vous assure que je suis plus capable qu'il ne semble d'entrer en communication avec les grandes choses, de m'émouvoir aux crises qui ont changé le monde. Ne pensez pas que je ne puisse plus m'accommoder que de sentiments bourgeois. Vous me rempliriez d'envie en songeant à nos pères qui, chaque soir, visitaient, entre deux rangées de fauteuils, Oreste ou Agamemnon.

Quoi donc! Les Atrides, Prométhée, le vieil Horace, Rodrigue, ne sont-ils faits vraiment que pour un parterre de rois? Faut-il être prince du sang pour les entendre? Dans la plus étroite, dans la plus infime carrière, j'ai besoin sept fois le jour, de hausser mon cœur au niveau de ces personnages. Les laisserai-je faire entre eux une caste? A Dieu ne plaise. Quand je m'élève à eux, je suis leur compagnon de tente. Ils me touchent alors d'infiniment plus près que mon voisin de chambre que vous faites monter sur la scène. Dans mon néant, j'ai besoin autant qu'eux de leur grandeur.

Prêtez-moi donc l'encouragement de vos personnages. J'attends dans ma chute un signe d'eux pour me relever. Qu'ils rendent le ton, l'accent à mon âme détendue. C'est pour cela que je viens les visiter. J'attends pour avancer qu'ils me montrent que le chemin des forts n'est pas impraticable. Qu'un seul être, fût-ce même un spectre me précède dans cette région; j'y poserai après lui mon pied avec assurance. Marchez devant moi, fantômes de vertu et d'amour! Je m'engage à vous suivre.

Qui peut dire jusqu'à quel point cette éducation de l'âme par le théâtre n'a pas contribué à tenir dans la révolution de 89, l'âme de la France dans la région des grandes choses? Je veux bien que cet élan de l'art tragique ait fini par se perdre sur les nues dans un idéal forcé. Mais ne m'en avez-vous pas trop précipitamment fait descendre? N'avez-vous pas trop rabattu de mon orgueil originel? Vous me ramenez aujourd'hui avec une invincible énergie sur la scène, à ma condition, à mon temps, à mon métier, à ma correspondance interrompue. Vous m'enchaînez par exception à une date de circonstance, à mon jour de naissance, à la fête de mon patron. Ne savez-vous pas que j'ai horreur d'être rivé à un moment de hasard, moi qui convoite l'éternité ?

Les voilà rassemblés, sur le théâtre, tous les sophismes de mon cœur, et si j'en ai oublié, vous les avez aperçus. Mais c'est précisément à ce chaos sordide que je voudrais échapper pour me trouver moi-même. Car je sens que ce costume de rencontre n'est pas moi, que la parole qui exprime tout mon être n'a jamais pu sortir du bout de mes lèvres. Je viens à vous, pour que vous me montriez qui je suis. Sous cette dépouille de convention, je m'ignore ; je voudrais, avant de mourir, me sentir non pas tel que les choses, le hasard, la gêne du moment, la timidité de ma condition me font paraître ; je voudrais apercevoir, ne fût-ce qu'un instant, cet homme immortel que je porte en moi et que je ne puis atteindre. Donnez-moi cette joie de l'éternité pour prix de mes applaudissements. Je vous dispense du reste. C'est là ce que font les grands maîtres ; ils me découvrent à moi dans ma propre substance. Les autres ne me prennent, il semble, que pour un personnage d'occasion, un fâcheux à éconduire, un costume qui va passer de mode. Cela m'humilie d'être considéré ainsi, moi dont la prétention est d'être une personne immortelle.

Le temps n'est pas loin, où toutes les grandes inspirations humaines étaient attribuées à la masse anonyme. La foule seule avait tout fait, l'Iliade, l'Odyssée, les marbres de Phidias et le reste ; les noms propres avaient disparu. Rendez-moi les grands hommes sans lesquels nous périssons !

Surtout ne me parquez pas dans un moment de la durée ; j'ai acquis le droit de cité dans tout le passé. Hier on m'enfermait dans l'antiquité, aujourd'hui le moyen âge seul est autorisé, demain à quelle époque sera le privilége ? O pitié ! je n'ai qu'un moment pour m'asseoir sur la terre, à ma place de théâtre, et vous voulez me cloîtrer dans un siècle, dans une décade! Vous tirez le rideau sur la plus grande partie de ce passé si rapide pour une âme qui se défend de mourir! Pourquoi faut-il que Pharamond ou Mérovée, me tienne plus au cœur qu'Épaminondas ou Dion? Si c'est l'éloignement qui le veut, où est la limite? A quelle extrémité du temps poserai-je la borne où mon cœur peut atteindre? Dix siècles est-ce ma mesure, ou bien onze, ou bien neuf? Est-ce cette arithmétique qui décidera de mon attachement pour ce qui n'est plus?

Vous dites que l'antiquité est trop loin pour vous toucher. Mais combien faut-il de temps pour qu'une chose devienne antique? Si tout n'est pas éternellement présent et vivant, tout est éternellement vieilli et suranné. Vous qui me parlez, prenez garde, à ce compte, d'être vous-même, dès ce soir, une antiquité ruinée, sans lendemain et sans témoins.

III

Je sais qu'il est imprudent d'exposer ainsi sa pensée au début de son ouvrage. C'est là ce qui s'appelle de nos jours manquer d'habileté ; car il est des temps, où les hommes ne demandent à l'art que de les amuser, tant ils ont peur d'être ramenés sérieusement à eux-mêmes. S'ils s'aperçoivent que vous vous proposez autre chose que de les divertir, cela les met aussitôt sur leurs gardes; ils se défient de votre œuvre, comme d'un piége tendu à leur indifférence. Mais pourquoi en toutes choses cette diplomatie profonde? Le but vaut-il ce qu'on y sacrifie? J'en doute.

Dans les grandes époques, ce qui fait le bonheur de l'écrivain, c'est qu'il lui suffit de suivre le courant moral de l'opinion, pour se trouver dans le chemin de la vérité immortelle. En marchant sur les traces de tous, il est sûr de rencontrer le bien. Plus il donne au sentiment public, plus il s'enrichit. On ne sait si l'écrivain suit la foule, ou si la foule suit l'écrivain.

Mais quand celui-ci s'aperçoit que la conscience générale se trouble, j'imagine que ce doit être la fin de l'époque heureuse des lettres. Car il faut que l'écrivain fasse alors sa route, seul, sans guide, à ses risques et périls. Il faudrait même, à vrai dire, qu'il se jetât dans le gouffre pour le salut moral du peuple. Or, le gouffre pour lui c'est l'isolement, l'indifférence; et dans cet isolement, il finit par s'apercevoir d'une chose, qui doit être l'épreuve la plus douloureuse de l'esprit.

Dans les temps corrompus, en effet, ce qu'il y a, de plus triste, le voici : C'est que les œuvres, qui ne portent pas le sceau de la corruption, semblent factices et le sont en partie. Le vice apparent ou caché, devient le sceau du naturel. L'artiste, le poète, ne peuvent paraître honnêtes gens sans paraître prétentieux. Toute vertu chez eux tient de l'affectation; c'est pour eux qu'a été trouvé ce mot : « Tes » paroles ressemblent aux cyprès; ils sont éle-

» vés et touffus, mais ils ne portent pas de
» fruits. » A ne juger que le naturel, Martial,
Pétrone et leurs compagnons d'infamies, l'emporteront toujours, en simplicité et en grâces,
je ne dis pas seulement sur Sénèque et Lucain,
mais sur le grand Tacite lui-même. Les premiers sont parfaitement à l'aise, dans le même
temps où les autres sont à la gêne et se roidissent. Comment le langage ne se ressentirait-il pas de cette différence? Les uns restent
dans la vérité quoique triviale, quand les autres
touchent à la déclamation. Le goût et la morale se brouillent. L'art est d'un côté, la conscience de l'autre; ainsi finissent les littératures
et les sociétés.

Marchons-nous vers des temps semblables?
Touchons-nous à ce moment où la décadence
des peuples se trahit d'une manière fatale, dans
la parole et dans l'accent de l'écrivain? Je refuse de le savoir. Sommes-nous redevenus
païens pour obéir au Destin? Je me ris du
Destin, la plus vieille, la plus sotte des Divinités écroulées.

PRÉFACE.

Et pourtant, que signifie ce silence de l'esprit dans l'Europe entière? Est-ce le recueillement de la force? est-ce l'assentiment au déclin? Pareil silence de l'âme, ne s'est jamais rencontré dans notre Occident. Assurément je crois au génie de notre race, à la destinée de mes semblables dans le plan de l'univers; et malgré cela, je serais heureux, je l'avoue, d'entendre dans ce néant la voix d'un être animé, fût-ce d'une cigale ou d'un oiseau. Je voudrais dans ce désert, sentir, en passant, la chaude étreinte d'un vivant. Cœurs faits de la même cendre que moi, hommes, mes frères, compagnons d'un moment sur cette terre, où êtes-vous? M'entendez-vous quand je vous appelle? Ces ombres que je rencontre et qui me fuient, sans voix, sans regard, sans pensée, est-ce vous? Aurore printanière qui précédiez la vie, ne reparaîtrez-vous pas? Soleil de l'intelligence, qu'ai-je fait pour ne plus voir ton lever sur ma tête?

C'est à vous, poètes, de parler dans ce silence suprême. Je n'ai tenté de le faire que parce que vous vous taisiez. Vous qui savez le chemin des oreilles et des cœurs, vous, les guides acceptés et aimés, *duca mio!* parlez-nous!

Ne laissez pas la nature humaine s'accoutumer à cette insensibilité, à cet endurcissement de la nature morte. Montrez-moi par un signe, qu'une fibre bat encore dans la poitrine de mes semblables. Il faut si peu de chose pour empêcher un monde de mourir!

Dans les temps de cataclysme moral, quand la nature aveuglée menace de disparaître, on est tenté, par contradiction, de devenir aussi pur que le premier rayon du monde.

Que ne m'emportez-vous, ô poètes, sur la cime la plus élevée de la justice, là où le déluge n'arrive pas! Il reste là assurément une place pour un brin d'herbe; je verrais à mes pieds, la nature immense renaître de cet atome inviolé.

Chimère, dites-vous! Jamais l'âme humaine ne fut enveloppée d'une si épaisse cuirasse d'indifférence. Ils se bouchent les oreilles. Qui se soucie, en Europe, de prose ou de vers? Qui pense encore que la poésie, la philosophie, les lettres soient une des conditions de la vie sociale? Chacun s'arrange pour se passer de ces hôtes dont on a trop bien reconnu l'humeur incommode. La curiosité de l'esprit et du cœur, n'existe plus chez personne. « Jupiter a changé » en pierre le cœur de ces peuples. »

Et voilà pourquoi, il faut toucher ces pierres par la seule parole qui accomplisse les miracles. Gardons-nous de trop mépriser; il n'est pas de plus grand danger. De tous les sentiments, c'est celui dont il est aujourd'hui le plus difficile de se défendre; et c'est aussi celui qui stérilise le plus vite l'esprit de l'homme. C'est pour avoir trop méprisé, que l'antiquité est morte. A la fin il ne restait plus chez elle que deux ruines : d'un côté, un groupe d'esprits hautains qui dédaignaient de vivre plus longtemps: c'était le Stoïcien; de l'autre, un innombrable troupeau qui n'avait jamais vécu, ou qui l'avait oublié : c'était l'Esclave.

Un général polonais (1) m'a raconté, que

(1) L'illustre général Dembinski.

dans l'une des dernières guerres contre la Russie, ayant conduit son corps d'armée sur les bords du Niémen, sans intention de le franchir, il voulut savoir pourtant, si l'autre rive était restée polonaise. Pour cela il rassembla la musique de ses régiments, et il lui fit jouer un des vieux airs de la patrie. A peine les premiers sons eurent-ils traversé le fleuve, il s'éleva de la terre qu'on ne pouvait atteindre (c'était, je crois, Kowno), un murmure confus de voix qui consola le cœur du vieux soldat. Moi aussi, je suis séparé de la rive des aïeux par un fleuve infranchissable. Je frappe l'air de ma cymbale, mais je ne sais si une voix répondra.

E. Quinet.

Bruxelles, 18 avril 1853.

PERSONNAGES.

SPARTACUS.
CINTHIE, prêtresse, femme de Spartacus.
STELLA, jeune fille esclave.
GÉTA, esclave germain. \
GALLUS, esclave gaulois. } GLADIATEURS.
COTYS, esclave dace.
PALLAS, esclave grec. /
PARMÉNON, affranchi.
CRASSUS. \
GELLIUS, consul.
SCROPHAS, tribun. } ROMAINS.
LUCIUS, fils de Scrophas.
UN AUGURE. /
LENTULUS, marchand d'esclaves.
L'ENFANT de Spartacus.
Chœur d'esclaves.
Chœur de femmes.
Chœur des prêtres romains de la Peur et de la Pâleur.
Sénateurs romains, prisonniers.

LES ESCLAVES.

ACTE PREMIER.

La scène est à Capoue, dans le vestibule du cirque des gladiateurs.

SCÈNE PREMIÈRE.

GÉTA, GALLUS, COTYS, SPARTACUS assise et muet pendant les deux premières scènes. Les autres gladiateurs se préparent aux combat.

Géta à Spartacus.

Viens, roi tombé, reprends ta couronne de chêne ;
Le peuple te fait grâce aujourd'hui de ta chaîne.
Pour nous voir égorger il affranchit nos mains :
Puissent les Dieux payer la bonté des Romains !
(A Gallus et Cotys.)
Sans perdre injustement le temps à les maudire,

Amis, étudions notre dernier sourire.

COTYS.

Ainsi, pour amuser des femmes, des enfants,
On nous verra, dis-tu, contre nous triomphants,
De notre sang fardés, sous un masque de haine,
D'une mort d'histrion déshonorer l'arène?
L'esclavage a changé les rois en bateleurs!
Le cirque rit déjà sous la pourpre et les fleurs!
Il suffit; j'y consens. Si le ciel est complice,
Que ce soir à son gré Rome se divertisse.
Mais la fête a souvent de tristes dénoûments;
Peut-être un jour nos fils, cherchant nos ossements,
Secoueront leurs flambeaux sur les cités joyeuses;
Et dans la cendre assis un peuple de pleureuses,
Reste du peuple-roi sous la lance acheté,
Saura rendre à la mort l'antique majesté.

GALLUS.

D'un bon gladiateur fâcheux apprentissage!
Quels éclairs sur ton front promènent cet orage!
Le cirque n'aime pas les noirs pressentiments,
Et d'avance tu perds ses applaudissements.

SCÈNE I.

D'un esprit plus léger, instruit par l'habitude,
Il faut pour l'amuser porter la servitude.
Chaque esclave d'abord sous son fardeau d'airain,
Les yeux cloués à terre, et dévorant le frein,
Semblable à Spartacus, en regrets se consume ;
Puis à porter son joug bientôt il s'accoutume ;
Et, chaque jour, les fers aiguisant les désirs,
Crois-moi, la servitude a ses âpres plaisirs.
Que la lance d'argent brille aux mains de l'athlète ;
Forêts du gui sacré, pays de l'alouette,
Cabane paternelle, enfants près du foyer,
Un battement de mains peut tout faire oublier.
Le jour où de nos fers le maître nous délivre,
De son vin écumant la liberté m'enivre.
Je voudrais de mes mains ébranler l'univers ;
Je cherche un ennemi, je brave les enfers.
Quand au cirque à la fin le patron me déchaîne,
O joie ! ô volupté du ciel ! dans chaque veine,
Je sens couler en moi l'orgueil d'un demi-dieu.
Naître est souvent un deuil ! Mourir est un beau jeu !
Qu'est devenu l'esclave ? Il a fait place à l'homme ;
Le véritable esclave à la chaîne c'est Rome,

Qui, penchée à demi, tremblante, l'œil hagard,
Sur le sable rougi suit mes pas, mon regard....
Et moi qui tiens le glaive et par qui le sang coule,
Je suis pour un instant le roi de cette foule.
Les belles, aux crins d'or, les bras tendus vers moi,
Pâlissant, tressaillant de plaisir et d'effroi,
M'aiment d'un fol amour : « Qu'il est beau ! » disent-elles,
« Est-ce un Dace, un Gaulois ? ô Vierges immortelles,
» Prolongez, épargnez sa vie encore un jour ! »
Je respire en passant ces paroles d'amour ;
Puis je frappe. Aussitôt du béant vomitoire,
Part un rugissement de la foule : « Victoire ! »
Je m'assieds près du mort. Tandis que de mon flanc,
Je regarde couler goutte à goutte mon sang,
Le licteur à mon front attache la couronne ;
Et déjà du tombeau la vapeur m'environne.
Triomphant, hors du cirque entraîné sur un char,
Chez les Dieux souterrains je goutte le nectar.
O grands rois ! ce sont là les plaisirs de l'esclave.
Ils égalent, Cotys, ceux du maître qu'on brave.
Ailleurs que dans le cirque il n'est plus de héros.
Si je meurs par ta main, je te lègue mes os.

SCÈNE I.

COTYS.

Je te lègue en retour ma dernière pensée,
Oracle d'un mourant, ou chimère insensée,
Écoute, et sois après l'héritier de mes fers.

GALLUS.

Qu'espères-tu ?

COTYS.

   L'esclave envahit l'univers.
Villas, palais de marbre et cabanes de chaumes,
Campagnes, ateliers, antres, cités, royaumes,
Lui seul il remplit tout, et même les tombeaux.
Comme les Dieux cachés dans les lieux infernaux,
On l'entend respirer, sous terre, au fond des mines.
Sans lui, Rome est absente au pied des sept collines.
S'ils se comptaient un jour !.... Si le servile essaim,
Las de livrer son miel et d'endurer la faim,
S'armait de l'aiguillon !... Demain, ce soir peut-être !...
Que deviendraient, dis-moi, les délices du maître ?

GALLUS.

Laisse là du tombeau les folles visions.
La peur te livre en proie à ses illusions ;

Est-ce à nous, vil troupeau, de gourmander le pâtre ?
La liberté pour nous est dans l'amphithéâtre.
Tout le reste appartient aux astres ennemis.
Si c'est la dernière heure, embrassons-nous, amis.
Adieu, champs paternels, de l'ours heureux domaines !
Beau cirque au sable d'or ! Adieu belles Romaines !
Déjà la prophétesse a consulté les sorts ;
Elle vient à Pluton offrir l'hymne des morts.

SCÈNE II.

LES MÊMES. CINTHIE.

CINTHIE.

Où s'élève l'autel, quand déjà l'aube brille ?
Où sont les rameaux verts, unis à la faucille ?
Allez puiser l'eau sainte à l'urne des torrents !
Pour appeler les Dieux au-devant des mourants,
Depuis quand suffit-il des soupirs d'une femme ?
L'urne vide, le chant tarit au fond de l'âme.

GALLUS.

Quels sont tes Dieux, prêtresse ? il n'en est plus pour nous.
Eux-mêmes des vainqueurs embrassant les genoux,

SCÈNE II.

Infidèles et sourds aux hymnes, aux prières,
Sitôt que le Flamine a maudit nos chaumières,
Les nôtres ont quitté nos forêts, pur séjour,
Pour le temple banal, amant du carrefour.
Ces lâches courtisans, pour un grain d'ambroisie,
Dans Rome ont mendié le droit de bourgeoisie;
Et, laissant pour tous biens, au pauvre leurs adieux,
Des peuples immolés ont déserté les cieux.
Que parles-tu d'autel? Des chaînes, des entraves,
Des croix de bois, voilà l'offrande des esclaves;
Leur cœur n'enferme point des paroles de miel;
Va! tes Dieux parmi nous ne vivraient que de fiel.

CINTHIE.

Quoi! vous avez sitôt oublié la promesse
Que du fleuve sacré reçut la prophétesse,
Quand les mains pleines d'ambre et ceintes de roseaux,
Les Ondines, en chœur, s'assirent sur les eaux?
De son bec augural, le pic-verd des auspices
Consultait le vieux chêne au bord des précipices;
Signe qu'un grand État sur l'abîme incliné,
Va choir entre vos mains, par vous déraciné.

GALLUS.

Prêtresse, il est trop tard pour raconter des songes.
Retranche au bois sacré ses stériles mensonges,
Et, tel qu'un faux devin, chasse le souvenir.
Tu veux prophétiser! que nous fait l'avenir?
Triste oreiller du fou qui sur lui se repose !
Qu'il soit d'or ou de plomb, c'est pour nous même chose :
Un mot vide et trompeur qu'on jette à des cieux sourds.
Si tu veux de tes mains nous prêter le secours,
Prépare avec tes sœurs nos tombeaux en silence.
Quand le peuple repu loin du cirque s'élance,
Alors, ensevelis, sans larmes dans les yeux,
Ceux qui vont s'affranchir des hommes et des dieux.

Gallus, Cotys, Géta sortent.

SCÈNE III.

CINTHIE, SPARTACUS plongé dans une rêverie qui tient de l'égarement.

CINTHIE.

Et Spartacus aussi renonce-t-il à vivre?
Attend-il en rêvant qu'un songe le délivre?

SCÈNE III.

Est-il vrai qu'aux enfers son esprit descendu
Habite loin de lui?

SPARTACUS.

Femme, que me veux-tu?

CINTHIE.

Te sauver. Souviens-toi du pays des ancêtres;
Revois les sommets bleus et les troupeaux sans maîtres,
Et la maison de terre aux pilastres de bois,
Sous le mélèze assise. Au seuil entends la voix
Des chevaux qu'a nourris le démon des batailles.
Rappelle-toi le jour des saintes fiançailles,
Quand tu mis dans ma main, toi-même, Spartacus,
Pour présent du matin les anneaux des vaincus.
Partons! Allons chercher, à travers Rome entière,
Sous les foudres des Dieux, notre toit de bruyère.
Les petits des oiseaux nous diront les chemins.
Viens!

SPARTACUS.

Moi! je suis esclave! Ils m'ont lié les mains.

CINTHIE.

Tu portes dans ces mains la fortune enchaînée;
Ton âme est souveraine et fait la destinée.

SPARTACUS.

Je suis esclave.

CINTHIE.

Au moins, lève les yeux vers moi,
Jupiter apaisé m'envoie auprès de toi.
Quand il veut à la fin qu'une cause prospère,
L'occasion sourit où l'homme désespère.

SPARTACUS.

Je suis esclave.

CINTHIE.

O ciel! trois fois, en un moment
L'enfer a répondu.

SPARTACUS.

Va! c'est le ciel qui ment!

Après un silence,

Pardonne... car ta voix connue à mon oreille
Chez les Dieux infernaux m'arrive, me réveille.
Où suis-je? D'où viens-tu? Comment? Par quels sentiers?
Si tu vis, montre-moi les chaînes de tes pieds.
Oh! parle! aide mes yeux, mon esprit, ma mémoire.
Un nuage répand sur moi son ombre noire.
Que veulent-ils de toi dans leurs cirques? fuis! pars!
Viens-tu rassasier la faim des léopards?

SCÈNE III.

CINTHIE.

Ami, je t'appartiens. Plus fière que les reines,
Je viens chercher ici la moitié de tes chaînes,
Par mes enchantements, d'un seul coup les briser,
Si je ne puis les rompre, avec toi les user.

SPARTACUS.

Qui peut appartenir à l'esclave? Personnne.
Il ne possède pas les larmes qu'on lui donne.
Sans femme, sans enfants, sans famille, sans loi,
Rien ne peut être à lui.

CINTHIE.

Mais je t'appartiens, moi !

SPARTACUS.

Les morts possèdent-ils les vivants, ô prêtresse ?
Sans être descendu chez la noire déesse,
Regarde ! Je suis mort ! Ton serment t'est rendu.
Garde-t-on la parole à l'esclave vendu?
Les mots sacrés ont-ils un vrai sens dans sa bouche?
On le raille ; sa main souille ce qu'elle touche.

CINTHIE.

Et moi je dis tout haut, mon maître et mon Seigneur,
Qu'en toi le monde a mis sa vie et son honneur.

Rends-moi le demi-dieu, salut de notre race !

SPARTACUS.

Tu cherches Spartacus ! Spartacus est en Thrace.
Je suis une ombre, moi ! Pour me railler, dit-on,
Esclave des enfers, ils m'ont donné son nom.

CINTHIE.

Doute (car dans ton mal je veux bien te complaire),
Du soleil des vivants qui te voit et t'éclaire !
Que tout soit à tes yeux fantôme, esprit moqueur.
Mais du moins ce cri sourd, étouffé dans le cœur,
Et ces larmes de plomb si pesantes à l'âme,
Et la plainte de tous par la voix d'une femme,
Ce n'est pas un mensonge, ami, j'en fais serment.
Si tu m'entends enfin, raconte-moi comment,
Dans quel piége tombé, tu connus l'esclavage...

SPARTACUS.

Esclavage ! Déjà tu changes de visage ;
Ta langue hésite encore à prononcer ce mot.
En connais-tu le sens ? Tu le sauras trop tôt.
C'était hier, je crois.... Que dis-je?.... Des années
Ont marqué ces longs jours de croix empoisonnées.

SCÈNE III.

L'étoile du berger brillait ; loin du sentier,
L'herbe haute des bois me couvrait tout entier.
Je suivais les troupeaux de bisons dans la plaine.
De l'immense forêt je respirais l'haleine.
Mais, sitôt que rampant par de secrets chemins,
Des hommes nés de terre ont lié ces deux mains,
Mon oreille a cessé d'écouter et d'entendre,
Mes yeux de regarder, mon esprit de comprendre.
Longtemps je me cherchai, sans pouvoir me trouver.
Quel démon à moi-même est venu m'enlever ?
J'appelai Spartacus ; je n'osai me répondre.
Vivant, parmi les morts je me sentis confondre.
Si du moins ils n'avaient enchaîné que mes bras !
Mais ces trésors divins que les yeux ne voient pas,
Orgueilleux avenir, Dieu caché sous la saie,
Lutte avec le centaure où le héros s'essaie,
Mépris de l'impossible, instinct, pressentiment,
Ces voleurs d'hommes m'ont tout pris en un moment.
Quand même tu pourrais, par un hymne suprême,
(Car je sais que ta voix commande aux astres même)
Vainqueur, me ramener au pays des aïeux,
Près du feu des bergers couchés, silencieux,

Que défendent leurs chiens des morsures de Rome ;
Quand même tu saurais changer la brute en homme,
Non, dans ce cœur flétri que je ne connais plus
Ton art ne pourrait pas retrouver Spartacus.
Moi qui sur la montagne où le torrent résonne,
Où le pin chevelu sous la neige frissonne,
Devançais les chevaux engendrés par le Vent !
Moi qui touchais du front le ciel en me levant,
Qui régnais avec l'aigle au milieu des bruyères,
Sans jamais rencontrer murailles, ni frontières,
Que suis-je devenu dans ces noires cités ?
Apprends-le par un mot, et pleure à mes côtés.
Le dernier, le plus vil des hommes, s'il est libre,
Me fait baisser les yeux. Dans mon cœur chaque fibre
Tressaille comme si du fond du bois sacré,
Un demi-dieu sortait, d'un nuage entouré ;
Et d'infernales voix partent de la poussière :

Baisse-toi ! Courbe-toi ! Spartacus, ver de terre !
Et je rampe ! Et le jour se voilant aux regards,
Je sens les Dieux d'airain m'écraser sous leurs chars.
Je suis comme un enfant qu'on mène à la lisière ;
Et pas un mot ne sort de ces lèvres de pierre.

SCÈNE III.

Désespoir!... apprends-moi quel philtre ils m'ont versé,
Par quels enchantements mon esprit s'est glacé,
Où j'ai bu le venin, sans que je m'en souvienne.
Peux-tu rompre d'un mot ce sort, magicienne?

CINTHIE.

Je puis te révéler ce que mes yeux ont vu.
Mon cœur est ébloui de présages. J'ai lu
Les Runes flamboyants au livre des étoiles,
Témoin de l'avenir qui te cache en ses voiles.
Un soir que tu penchais la tête sur ta main,
Je vis un noir serpent aux écailles d'airain,
Qui, roulant ses anneaux autour de ton front blême,
De ses magiques nœuds te fit un diadème;
Et d'horreur avec moi la forêt a tremblé.
En signes plus vivants l'avenir m'a parlé.
Une nuit, je versais l'ambre et l'or sur la myrrhe;
La torche dans la tour avait cessé de luire;
J'évoquais tous les Dieux en les nommant trois fois,
Quand de terre surgit lentement une croix
Immense, rayonnante et pleine de mystère,
Que dressaient des soldats sur un mont solitaire.
Au milieu des vautours, un esclave inconnu,

Les bras cloués, était à ce bois suspendu.
Les tempêtes déjà se partageaient sa robe ;
Cependant de son front jaillit la nouvelle aube.
Lui-même, je le vis, qui, déliant ses mains,
De sa croix descendit sur le front des Romains ;
Et partout j'entendis un brisement de chaînes ;
Jusque dans les tombeaux, les cendres souterraines
Se levèrent disant : Voici notre Sauveur !
Chaque esclave aussitôt affranchi de la peur,
Libre, suivait les pas du prince des esclaves.
Ce grand libérateur qui brise les entraves,
Ce fils de l'avenir qu'invoque l'univers,
Ce roi que les bannis choisissent dans les fers,
Qui peut-il être ? Toi, si tu connais ta force.
Les chênes ont écrit ton nom sur leur écorce ;
Partout interrogés, la verveine et le gui
Couronnant Spartacus, ont répondu : C'est lui !

SPARTACUS.

Je ne sais quel démon se rit de mes supplices.
Quand tu parles, d'abord, j'ai foi dans les auspices.
Mais à peine ta voix se tait ou s'interrompt,
Les ombres des enfers repassent sur mon front.

SCÈNE III.

Le silence, bientôt, dans mon esprit ramène
Mes hôtes familiers, le désespoir, la haine,
Le dédain de moi-même et l'incrédulité.
Si les Dieux me rendaient un jour la liberté,
Qu'en ferais-je? Où porter l'ennui qui me surmonte?
Que devenir? Où fuir? Où dérober ma honte?
Quand même en ce moment la couronne des rois
Sur ma tête viendrait se poser à ta voix,
Quiconque me verrait, lisant jusqu'en mon âme,
Sous le roi triomphant reconnaîtrait l'infâme.
Libre! Que servirait de l'être? Quoi! j'irais
Traîner un bout de chaîne au fond de nos forêts
Pour que le monde crie, en me voyant paraître :
« C'est lui, c'est Spartacus ; il a volé son maître ;
» C'est l'esclave échappé du marchand Lentulus. »
Car, pour marquer au front le troupeau des vaincus,
Faut-il broyer leur chair sous la dent des tenailles?
Non! non! dans mes regards, jusque dans mes entrailles,
Dans mon air et mon geste, à chacun de mes pas,
Dans mon ombre rampante, ici, ne vois-tu pas
Quelque chose d'étrange, une brûlante empreinte
Que laisse le fer chaud avec sa vile étreinte?

Comme un feu mal éteint, qui sait si chez les morts,
Quand tout est dissipé du souvenir des corps,
Cet opprobre vivant, dans la demeure sombre,
Ne suit pas aux enfers l'esclave après son ombre?

CINTHIE.

La terre des vivants n'espère plus qu'en toi.

SPARTACUS.

Terre libre et sans tache elle a besoin d'un roi
Qui jamais n'ait courbé la tête sous la foudre.
J'ai trop vécu d'un jour; qui pourra m'en absoudre?
Le grand fleuve dormant dans l'antre du glacier,
Que dis-je? le brin d'herbe et la fleur du sentier,
Refuseraient mon joug, si le troupeau des hommes
Me prenait pour pasteur dans la honte où nous sommes.

CINTHIE.

Puisqu'à tous mes accents, tes esprits restent sourds,
J'appelle malgré toi les Dieux à mon secours.
O Dieux de mon pays que la tempête assiége!
Jupiter pluvieux au blanc manteau de neige!
Dieux pauvres! si jamais j'ai de lait et de miel
Empli l'urne de terre au seuil de votre ciel,

SCÈNE III.

Si jamais j'apportai d'avance leur pâture
A vos chevaux sacrés, errant à l'aventure,
Par le feu des naseaux, par la corne du pied,
Par le bois de la lance et l'or du bouclier,
Dieux d'argile, Dieux bons, venez, je vous supplie !
Quittez le panthéon où l'on vous humilie.
Sortez du camp romain et venez parmi nous.
Dieux indigents, aimez ceux qui n'ont rien que vous.
Sur vos chars étoilés d'où descend l'allégresse,
Visitez cet esprit dans sa noire tristesse ;
De vos sceptres brisez les invisibles fers
Que lui-même il se forge, artisan des enfers !

SPARTACUS.

S'ils venaient parmi nous tes Dieux, lares d'argile,
Sans toit et sans foyer, quel serait leur asile ?

CINTHIE.

Le cœur de Spartacus.

SPARTACUS.

            Riche temple en effet !
Pour nourrir les serpents, certes, il est bien fait.
Il est un jour maudit que chaque jour ramène,
Quand en proie aux regards de la louve romaine.

J'ai suivi sans mourir, du Tibre au Quirinal,
L'ornière du vainqueur sur son char triomphal.
Parle ! Que faisais-tu dans ce jour de détresse ?
Marchais-tu près du char ? Me suivais-tu, prêtresse ?

CINTHIE.

Je marchais conduisant notre enfant sur tes pas.

SPARTACUS.

Ces grands hommes ont-ils aussi lié ses bras ?

CINTHIE.

Je lui disais ton nom, et, relevant la tête,
Sous les haches de Rome, il riait de la fête.

SPARTACUS.

Mon fils esclave aussi ! Ses yeux se sont ouverts
Pour voir son père esclave amuser l'univers.

CINTHIE.

Laisse au peuple, au sénat leur butin de fumée.

SPARTACUS.

Mon enfant me méprise !

CINTHIE.

Il sait ta renommée.

SCÈNE III.

SPARTACUS.

Mon nom me fait rougir.

CINTHIE.

Ton nom, l'ignores-tu,
Est un enchantement qui surpasse en vertu
L'or et l'encens mêlés au sang divin des plantes,
Dans la coupe magique où boivent les Bacchantes.
A peine on le prononce un long éclair le suit.
J'entends les Dieux parler dans l'horreur de la nuit ;
Et loin des fils du jour, glissent dans leurs repaires
Les Nornes sur leurs chars attelés de vipères.

SPARTACUS.

Qui ! moi ! Quelqu'un voudrait m'aimer ou me haïr !
Se peut-il qu'un esprit consente à m'obéir ?

CINTHIE.

Le mien guide après lui les astres sur nos têtes ;
A mes hymnes sacrés j'enchaîne les tempêtes.
Je commande aux flots noirs qui brisent les vaisseaux ;
Mais je te suis soumise au milieu de tes maux.

SPARTACUS.

Ainsi je ne suis pas pour toi le ver de terre,
Que le char du consul écrase en son ornière ?

CINTHIE.

Merci grands Dieux ! j'ai vu le héros s'éveiller.
L'avenir sur ton front recommence à briller ;
Dis un mot. Mille échos t'attendent sur le Tibre.
Affranchis-toi ; ce soir, la terre sera libre.
Cette foule sans nom que Rome ne voit pas,
Ce muet univers qui marche le front bas,
Nourrit au fond du cœur une sainte étincelle.
Le monde esclave attend quelque bonne nouvelle ;
Et plus près qu'on ne croit des sublimes sommets,
Il grandit..... Sans parler, il mûrit ses projets.
Pousse un cri. Tu verras surgir de la poussière,
Hors du chaos servile un monde de lumière.

SPARTACUS.

Tu m'as vaincu, prêtresse ! Enfin je reconnais
L'oracle souverain ! Je cède, je renais.
Tes incantations étouffent le blasphème.
Que ton philtre est puissant ! Il me rend à moi-même !

CINTHIE.

C'est à toi d'achever la victoire des Dieux !
Autrefois j'entraînais, sur de pâles essieux,

La lune au char d'argent criant dans la bruyère ;
Aujourd'hui si j'ai pu rappeler sur la terre
L'esprit de Spartacus errant parmi les morts,
C'est l'ouvrage des Dieux. Soyez bénis, Dieux forts !
Elle sort.

SCÈNE IV.

SPARTACUS.

Est-ce moi qui l'ai dit? Libre? parole étrange !
En l'écoutant vibrer, tout resplendit, tout change !
Libre ! deux fois ma langue ici l'a prononcé
Ce mot que j'avais cru par la rouille effacé.
Eh quoi ! ce que je fus, je pourrais encor l'être !
Le vermisseau rampant redeviendrait !... Peut-être.
Pourquoi non? Qui l'empêche ou des Dieux ou de moi?
Eux qui m'ont fait esclave, après m'avoir fait roi,
Ont-ils rien pu m'ôter qu'il ne faille me rendre,
Si jusqu'entre leurs mains, j'ose aller le reprendre?
Ces pieds ne m'ont-ils pas porté sur des sommets
Que les Olympiens ne foulèrent jamais?
Le sang ne bout-il plus dans ce cœur, dans ces veines?

Ce sein n'enferme-t-il que des colères vaines ?
Moi captif, délier les mains des nations !
Ouvrir d'ici la route à leurs ovations !
Quel jour !.. voici ce jour ! il s'allume, il se lève !
J'entends surgir des flots le soleil de mon rêve !

SCÈNE V.

SPARTACUS, SCROPHAS, TRIBUN, LENTULUS
MARCHAND D'ESCLAVES.

SCROPHAS à Lentulus.

Le peuple, Lentulus, compte aujourd'hui sur toi ;
Il attend un combat digne de lui, de moi,
Qui des Thraces vaincus consacre la mémoire.
Que la fête en un mot soit ce qu'est la victoire.
Je te prête ce soir, mes clients, mes licteurs ;
Mais où donc est le chef de tes gladiateurs ?

LENTULUS montrant Spartacus.

Le voici, sous les yeux.

SCROPHAS.

Et que vaut ce grand homme ?

LENTULUS.

Cent mines.

SCÈNE V.

SCROPHAS.

C'est beaucoup, s'il survit.... Il se nomme?

LENTULUS.

Spartacus.

SCROPHAS.

De Sparte?.... Oui; le nom ne messied pas.
Est-ce un petit neveu du Grec Léonidas?

LENTULUS.

C'est un Thrace.

SCROPHAS.

Comment! le petit roi Barbare?

LENTULUS.

Lui-même.

SCROPHAS.

Mais on dit que son esprit s'égare.
Il est fou, je le sais.

LENTULUS.

Ceux qui sont comme lui,
Front pâle, yeux plombés, pleins d'un sauvage ennui,
Marchandant moins leur sang amusent mieux l'arène.
Au devant de l'épée un démon les entraîne.
Rêvant de leur pays, nus et sans boucliers,
Leur tristesse est plaisante aux yeux des chevaliers.

Rien ne vaut dans le cirque un roi qu'on déshonore.
Il meurt au moins deux fois, et Rome entière adore
Quiconque peut fournir des spectacles si beaux.
Le moindre candidat y gagne les faisceaux.
Car le sang bien versé fait la plèbe idolâtre,
Et les voix du Forum se vendent au théâtre.

SCROPHAS.

S'il est ainsi, c'est bien; je ne marchande plus.

A Spartacus.

Salut donc, ô héros ! demi-dieu, Spartacus !
J'incline les genoux, roi, devant ta fortune.
Ta noblesse me plaît, et d'une main commune,
Tu ne peux recevoir le couteau dans le sein.
D'une âme magnanime épouse mon dessein.
Je t'ouvre mes trésors, n'épargne pas la somme.
Choisis, achète un roi dans le butin de Rome,
Qui puisse sans blesser, chez toi, la majesté,
Donner le coup mortel à ton éternité.

SPARTACUS.

Je n'attendais pas moins de ta munificence,
Tribun. Repose-toi sur ma reconnaissance.

SCÈNE V.

Mais pour fêter ta gloire est-ce assez d'un mortel?
Veux-tu te contenter d'un vulgaire duel,
Pour qu'on dise de toi : « Son insipide fête
» Avare de combats ressemble à sa conquête :
» Des promesses, du vent, et des mots; point d'effets? »
Non, non, pour égaler le cirque à tes hauts faits,
Il te faut y verser à pleines mains la foule.
Que le sang à tes pieds ainsi qu'un fleuve coule.
Que des peuples entiers obstinés à périr,
Viennent te saluer avant que de mourir.

LENTULUS.

Chacun de ses discours appartient à l'histoire.

SCROPHAS à Spartacus.

Que ta majesté vive au temple de mémoire !
Ce soir, je te fais roi des Gaulois, des Germains.
De l'Orient je mets le sceptre dans tes mains.
Que te faut-il encor ? Un masque? un diadème?

SPARTACUS.

Des glaives.

SCROPHAS.

Ils sont là. Farde un peu ce teint blême

Avant que de régner. Dans une heure en mon nom
Tu baiseras le bord du manteau de Pluton.
Si tu meurs en riant, j'affranchis ta grande âme,
Et j'achète après toi ton fils avec ta femme.
Adieu pasteur des rois !

SPARTACUS.

Adieu libérateur !

Scrophas et Lentulus sortent.

SCÈNE VI.

SPARTACUS, GALLUS, COTYS, GÉTA, PALLAS, PARMÉNON, foule d'esclaves.

SPARTACUS.

C'est bien ! La tragédie attend le spectateur.
Venez, amis ; ce sont des glaives, non des chaînes
Que la fortune sème au champ-clos des arènes.
Entre nous partageons ce fer qui nous sourit.

Les esclaves se distribuent les glaives.

Le fer aime l'esclave.

GALLUS.

En tuant il guérit.

SCÈNE VI.

à Spartacus.

Que des maux à venir ce glaive te délivre !

SPARTACUS.

Mourir ! Pourquoi plutôt n'essayez-vous de vivre ?
La nuit m'a conseillé.

GALLUS.

               Vraiment, elle a parlé ?
Pour sourire attendons que le sang ait coulé.

SPARTACUS.

Il est un autre dieu que la mort pour l'esclave.

GALLUS.

S'il est un autre dieu, dis-lui que je le brave.

COTYS.

Le temps manque à l'oracle. Est-ce ton testament ?
Que faut-il faire enfin ?

SPARTACUS.

               Profiter du moment ;
Dans le cirque puiser une immortelle vie,
Sur son banc de théâtre où Rome vous convie,
La forcer d'applaudir à son dernier instant,
Au milieu de ses jeux l'écraser en chantant,
Jeter sa cendre vile aux sifflets de la Thrace.
Ce qu'il faut ? Regarder tout homme libre en face,

Tourner les glaives nus contre les légions,
Sous leur masque étouffer les peuples histrions,
Et rendre leurs déserts aux louvetaux du Tibre.

GÉTA.

L'esclave regarder en face l'homme libre !
Des yeux le mesurer et s'égaler à lui !
Certe, il est plus aisé de mourir aujourd'hui.
Ami, ne sais-tu pas qu'au troupeau qui va paître,
Le joug est moins pesant que le regard du maître ?
Sa parole nous tue avant qu'il ait frappé ;
D'un nuage d'encens il est enveloppé.
Devant l'œil du patron tout esclave recule,
Des Dieux eût-il reçu l'héritage d'Hercule.

SPARTACUS.

Consultez donc vos bras, s'il vous manque le cœur !
Dans la pourpre habillés, les maîtres vous font peur ?
Otez leur ce manteau qui fait leur renommée,
Et voyez ce qui reste après tant de fumée.
Qu'ont-ils donc plus que vous tous ces beaux demi-dieux ?
De l'encens à leurs pieds, du nard à leurs cheveux.
Comme eux, n'avez-vous pas un cœur qui sent l'injure,
Deux yeux pour mesurer l'endroit de la blessure,

SCÈNE VI.

Deux pieds prêts à bondir au-devant des Romains,
Et pour frapper, comme eux, n'avez-vous pas deux mains?
Hercule a déposé sa massue en vos âmes;
Mais tous ces grands héros, ces hommes sont des femmes.

GALLUS.

Ce ne sont pas leurs bras, ni leurs glaives d'airain,
Qui leur donnent sur nous le pouvoir souverain.
Mais leur dieu les a faits d'une meilleure argile;
Il a choisi pour nous un moule plus fragile;
Il leur a dit: Régnez; à nous: Obéissez.
Acceptons notre lot, l'œil et le front baissés.
Voulons-nous corriger les destins? Quoiqu'il fasse,
Vêtu de fer, l'esclave est nu sous sa cuirasse.
Toujours contre lui-même il tourne son poignard.
Du suicide aveugle, il fait sa loi, son art;
Et sauvant ce qu'il hait, détruisant ce qu'il aime,
Jamais il ne saura bien tuer que lui-même.

SPARTACUS.

Aux glaives j'ouvrirai le chemin. Suivez-moi.
Venez! Je me souviens que Spartacus fut roi.

GÉTA.

Maître, je te suivrai, car j'ai besoin d'un maître.
Mais si la terre s'ouvre, et si l'on voit paraître

Les serviles Titans qui, sous un ciel de fer,
Tiennent Odin captif de l'éternel hiver?...
On dit que l'homme libre est au-dessus du glaive,
Qu'un rempart invisible autour de lui s'élève,
Que nos traits conjurés se tournent contre nous.

SPARTACUS.

Sachez vouloir! Je mets le monde à vos genoux.
Au nouvel avenir ouvrez votre pensée,
Votre œil à la lumière, et Rome est renversée.

PARMÉNON.

Quel malheur qu'un grand homme ait perdu la raison!
Il a laissé la sienne au fond de sa prison.
Pauvre fou Spartacus! C'est pitié de l'entendre,
De grands mots enivré qu'il ne saurait comprendre,
Évoquer les lambeaux d'un génie avorté.
J'avais toujours prédit, quand il fut acheté,
Qu'il finirait ainsi, devin, rêveur, prophète,
D'ailleurs méchant esclave, et cœur privé de tête.
Gardez-vous d'obéir aux rêves d'un fiévreux.
Non! non! Tout ce que peut l'esclave sérieux,
C'est d'apprendre d'abord à ramper avec grâce,
Et céder son soleil à toute ombre qui passe,

Courtiser le patron en ses moindres désirs,
Partout s'insinuer au fond de ses plaisirs,
Gémir, s'il dort meurtri par le pli d'une rose,
Cesser d'être homme, enfin, pour être quelque chose.
Voilà comment on plaît, par quel art réfléchi,
Endormi dans les fers, on s'éveille affranchi.
De Parménon, le Grec, croyez l'expérience.
Ramper pour être libre est toute une science ;
Et c'est peu de l'apprendre, il faut la deviner ;
Mais un barbare seul a pu s'imaginer
Que le glaive grossier défaisant son ouvrage,
Lui-même dénoûrait les nœuds de l'esclavage.

PALLAS.

Ces nœuds si complaisants, pourquoi les dénouer ?
Fêter la liberté, n'est-ce pas se jouer ?
Cette vieille déesse, à la vide mamelle,
Nous la connaissons trop pour rien espérer d'elle.
Peut-elle nous donner ce qui manque à son ciel,
Cirques, vins couronnés de safran, pains de miel ?
Laissons-la dans son temple, attendant l'ambroisie,
Vivre du brouet noir qu'on nomme poésie.

A tout considérer, que voulons-nous, amis?
Que tous portent le bât, au même frein soumis,
Que nul esprit ne soit plus haussé que les nôtres,
Qu'aucun épi gourmand, ne dépasse les autres,
Sous la meule foulés que tous également
Rendent sans avarice un semblable froment.
Dites. N'est-ce pas là notre espoir, notre rêve!
Sans heurter les destins, permettez qu'il s'achève.

COTYS.

Nous voilà partagés, sans avoir combattu ;
Je trouve en leurs discours une égale vertu,
Et mon esprit flottant, à lui-même contraire,
Se trouble ; je ne sais que résoudre, que faire.

SPARTACUS.

Si les mots corrompus couvrent l'avis des cieux,
Faisons silence, amis, nous entendrons les Dieux.
Suivez les actions, non les mots dans l'arène ;
Laissez parler le fer après les Grecs d'Athène ;
Jamais il ne mentit. A moi, Daces, Germains !
Préparons leur pâture aux lions africains.

SCÈNE III.

Venez, c'est par ici que l'on retourne en Thrace !

COTYS.

Le sort en est jeté ! marchons ! suivons sa trace !

(La foule des esclaves s'apprête à le suivre.)

SCÈNE VII.

LES MÊMES, LENTULUS.

LENTULUS.

Gladiateurs, entrez ! Rome entière est ici.
Le consul a donné le signal.

SPARTACUS.

Nous voici !

(Il sort l'épée à la main ; tous le suivent dans le cirque en se précipitant contre les licteurs et les gardes consulaires.)
(Le théâtre s'ouvre ; on voit au fond de la scène le peuple assis sur les gradins ; il prend la fuite et se disperse devant les esclaves gladiateurs.)

LES ESCLAVES.

SCÈNE VIII.

CHOEUR D'ESCLAVES.

L'esclave est roi ! Gloire à l'esclave !
Il est entré ; Rome a pâli.
Le volcan a jeté sa lave ;
Le vieux monde est enseveli.
Le bœuf promis au sacrifice,
Avant que son sang ne jaillisse,
Renverse le prêtre et l'autel.
Liberté, fille du mensonge,
Ton peuple-roi n'était qu'un songe ;
L'esclave seul est immortel.

Le cirque autour de lui s'écroule ;
Les cités scellent leurs tombeaux ;
La foule disperse la foule ;
Des morts s'éteignent les flambeaux.
Seul il survit à toute fête,
Aux temples frappés par le faîte,

SCÈNE VIII.

Aux nations et même aux Dieux.
Toujours le même, quand tout passe,
De son front où rien ne s'efface,
Il porte la voûte des cieux.

Vidons la coupe de l'empire,
A son festin asseyons-nous.
Dans sa pourpre qui se déchire,
Rome se traîne à nos genoux.
Captif de la loi qu'il se donne,
Obéissant quand il ordonne,
L'homme libre adore son frein.
Sur lui que la cité périsse !
L'esclave a pour loi son caprice ;
Des déserts il est souverain.

Postérité, vide fumée,
Aïeux qu'on ne reverra plus,
Songe d'une ombre, renommée,
Salaire qu'il laisse aux vaincus !
Au lieu du rêve, il tient les choses,
Au bord de l'amphore, les roses,

LES ESCLAVES. SCÈNE VIII.

Au fond du temple le butin.
Au sépulcre il prend la guirlande,
A l'autel affamé l'offrande,
Et découronne le Destin.

Assis sur les chaises d'ivoire,
Dans la coupe mêlant le miel,
Sans lendemain et sans mémoire,
Goûtons un Présent éternel.
Voyez au loin ramper le Tibre !
Il demande son peuple libre
A ses déserts muets d'effroi.
Le sombre chœur des dieux serviles,
En brisant du marteau les villes,
A répondu : « l'esclave est roi ! »

FIN DU PREMIER ACTE.

ACTE SECOND.

La scène est à Capoue, au milieu des ruines d'un cirque et d'un temple.

SCÈNE I.

CINTHIE, STELLA.

CINTHIE.

Oui, parle-moi, Stella, comme à ta sœur aînée.
Au milieu des chansons, de myrthe couronnée,
Tu pâlis, tu rougis en un même moment.
Est-ce tristesse, peur, ou noir pressentiment?
Quand l'ivresse montait au cerveau de la foule,
Que l'esclave riait du monde qui s'écroule,
Tu pleurais; sans parole, assise sur le seuil,
Dans la fête de tous, veux-tu porter le deuil?

Chère enfant, réponds-moi. Tu trembles, tu frissonnes ;
Tes doigts, comme en un rêve, effeuillent les couronnes.
Quand nos mains d'une eau pure étanchaient le saint lieu,
J'ai vu tes pleurs tomber dans la coupe du dieu.
Le gynécée est loin où tu vivais captive.
Crains-tu que l'Économe à ton œuvre attentive,
T'accuse de sourire, avant que le fuseau
N'ait achevé sa tâche empruntée au roseau ?
Pourquoi ces noirs habits de pleureuse ? Peut-être,
As-tu peur que ces murs ne redisent au maître,
Qu'un long jour s'est passé, sans le pleurer absent ?
Il est loin de ces murs, le maître tout-puissant.
Il ne reverra pas ses pénates de pierre
Lui sourire au retour sous leur bandeau de lierre.
Du vain bruit de ses pas cesse de t'effrayer ;
Ses lares ameutés l'ont chassé du foyer.

STELLA.

Et tu veux que mon âme habite dans la joie,
Tu veux qu'à leurs festins, en riant je m'asseoie,
Quand la maison déserte insulte le patron ?
Ah ! plutôt visiter l'odieux Achéron !

SCÈNE I.

Pourquoi contre le maître ont-ils tourné leurs armes ?
Mes larmes sont à lui ; je n'ai rien que mes larmes.
Va ! laisse-moi pleurer comme on pleure les morts !
Adieu maison du maître ! asyle d'où je sors !
Longs portiques croulants, murs promis aux broussailles !
Salles vides ! silence ! écho des funérailles !
Adieu ce que j'aimais de mon unique amour !
La nuit s'est répandue à la face du jour.

CINTHIE.

Ainsi tu veux pleurer ta prison ?

STELLA.

J'y suis née.

CINTHIE.

Tes fers ?

STELLA.

Mon seul amour me tenait enchaînée !
N'appelle pas prison la rustique villa,
Où près de la matrone a grandi ta Stella,
Les murs du gynécée où l'on filait la laine,
Le jardin clos de buis, semé de marjolaine,
L'atrium où chantaient les oiseaux prisonniers,
Le vivier frissonnant au pied des châtaigniers !

C'était là mon pays. J'aimais jusqu'au dieu Terme
Par qui le seuil ouvert, en criant se referme.
Que ne puis-je y rentrer! que ne puis-je revoir
Les béliers conduisant les troupeaux au lavoir!
Je m'assiérais à terre auprès de la cigale,
Afin qu'avec son chant, ma plainte aussi s'exhale.

CINTHIE.

Si ton cœur reste épris de quelque pan de mur,
Souviens-toi du patron. Que son joug était dur !
L'as-tu donc oublié?

STELLA.

    Ne parle pas du maître,
Comme tu fais, Cinthie, avant de le connaître.
Son esprit n'est pas loin ; il entend nos discours,
Et fût-il sous la terre, il commande toujours.
Ainsi que Jupiter assis sur les nuages,
Partage les soleils, les vents et les orages,
Il régnait, dieu mortel, dans toute la maison,
Lui-même mesurant la tâche à la saison,
La charrue à l'automne, à l'été la faucille ;
Et ses hôtes divins nous nommaient sa famille.

SCÈNE I.

Où sont les jours heureux quand, après les combats,
Les bouviers escortaient le tribun des soldats ?
Au milieu des grands socs renversés dans les landes,
Il rentrait tout armé sous un toit de guirlandes.
Sa femme dénouait son lourd casque d'airain ;
Son enfant conduisait son cheval par le frein.
Moi-même j'apportais une corbeille pleine
Des travaux de la nuit, nattes, habits de laine,
Long pallium tissu des tresses des chevreaux.
J'étendais ces présents sous les pieds du héros.
Car, souvent dans la nuit, reprenant mon aiguille,
J'avais recommencé la tâche de sa fille.
Et lui me regardant, il me disait : c'est bien !
Ayez tous pour l'ouvrage un cœur semblable au sien.
Et toute la maison ouverte à l'allégresse
Chantait : Salut ! ô Paix ! salut, bonne déesse !
Ah ! qu'est-il devenu le maître que j'aimais ?
Apprends-moi si mes yeux le reverront jamais.
Et sa divine épouse, et sa fille ?

CINTHIE.

L'épée
Dans le sang d'aucun d'eux ne s'est encor trempée

STELLA.

Le jeune Lucius voit-il aussi le jour ?
Lui, le fils préféré du maître, son amour !
Sans le beau Lucius toute maison est veuve,
Et de pleurs éternels la pleureuse s'abreuve !

CINTHIE.

Tes maîtres sont vivants, sois tranquille ! Ils pourront
Te remettre les fers au pied, le joug au front.

STELLA.

Ils vivent ! c'est assez ! ô parole bénie !
Le dieu de leur maison est un puissant génie.
Il les ramènera par le même sentier,
Et rendra l'héritage aux mains de l'héritier.

CINTHIE.

Ah ! prends garde, Stella, d'en dire davantage.
Quoi ! Dans la liberté, tu pleures l'esclavage !

STELLA.

Mais toi, qu'appelles-tu de ce mot liberté ?
Et quel est donc ce bien par vous tous si vanté ?
Se peut-il qu'à ce fruit la lèvre s'accoutume ?
Je n'en ai jusqu'ici goûté que l'amertume !

SCÈNE II.

Comment porter le poids du jour sans le patron ?
Cela se comprend-il ? Dès que le bûcheron
Met la coignée au pied du chêne et le terrasse,
Le lierre survit-il au vieux tronc qu'il embrasse ?
Que devient la couvée au bord des nids joyeux,
Portés par les cent bras du chêne dans les cieux,
Quand tombe le géant, orgueil de la colline ?
Tout un monde avec lui périt dans sa ruine ;
Les petits passereaux dans leur duvet rampants,
Se traînent hors du nid, au-devant des serpents.

CINTHIE.

Et quels sont les serpents dont tu crains les morsures ?
Mais non ! j'ai vu trop bien où saignent tes blessures...
Les esclaves sont là, qui sortent des banquets.
Ils viennent. Fuis, loin d'eux, va cacher tes regrets.

(Elles sortent.)

SCÈNE II.

SPARTACUS, GÉTA.

GÉTA.

L'ennui trône avec moi sur les chaises d'ivoire.
Vainqueurs, que faut-il faire, enfin, de la victoire ?

SPARTACUS.

Prendre une âme royale.

GÉTA.

Oui, je l'entends ainsi ;
Le conseil est facile à suivre, Dieu merci !
Le monde est renversé ; nous occupons le faîte.
Imitons les patrons en tout, hors la défaite.
Leur rendre tous les maux que nous reçûmes d'eux ;
En inventer encor d'inconnus à nous deux ;
Pendant qu'ils combattront ensemble, à notre place,
Comme eux rire aux éclats de leur sang qui se glace ;
Faire signe du doigt qu'il est temps de mourir ;
Et voir l'âme aussitôt par la plaie accourir ;
C'est là, dans le butin faisant la part égale,
Pour parler comme toi, prendre une âme royale.

SPARTACUS.

Mon orgueil va plus haut ; et ce ne serait rien,
Après ce que je suis, d'être un patricien.
Je m'estimerais peu de refaire la tâche
De ceux que j'ai brisés au tranchant de la hache.

Depuis hier le monde a changé de chemin ;
La chute serait grande à n'être qu'un Romain.
N'avons-nous donc frappé que d'aveugles murailles ?
Voulons-nous relever les morts des funérailles ?
Recommencer sitôt la tâche des vaincus,
Est-ce vaincre, Géta ?

GÉTA.

Tu rêves, Spartacus.

SPARTACUS.

Quoi ! rien n'aurait changé sur la terre qu'un homme,
A la place d'un autre ! Et j'aurais détruit Rome
Pour devenir Romain ! Cela ne sera pas.
Quoi, j'aurais renversé leurs villes sous mes pas,
Pour ramasser leur masque avec leur laticlave,
Changeant l'esclave en maître et le maître en esclave ?
Je joûrais après eux, chaussé du brodequin,
Le personnage usé de quelque vieux Tarquin ?
Non jamais.

GÉTA.

Ah ! tu fais la victoire trop sombre.
Veux-tu lâcher la proie en poursuivant son ombre

Quel que soit entre nous ton dédain affecté
Pour les biens, les hochets de la vieille cité,
Les titres qu'elle donne avec la renommée
Nous chatouillent le cœur d'une noble fumée.
Tu peux être consul. Le veux-tu ? Les licteurs
Ouvriront devant toi le flot des sénateurs.
Grand'prêtre, aimes-tu mieux, vêtu de la robe ample,
Planter le clou sacré dans la porte du temple ?
Tu le peux. Et déjà les esclaves nouveaux,
Couronnés d'infamie, attachent leurs bandeaux.

SPARTACUS.

Des esclaves encor ! Tu ne rêves qu'esclaves !
Regarde bien ; ton âme a gardé les entraves
Qui manquent à tes mains. Assez de ces faux noms,
Consuls, patriciens, sénateurs et patrons,
Vieux piliers sur lesquels le vieux monde repose,
Qui, différents entre eux, disent la même chose,
Bassesse des petits, insolence des grands,
Édifice d'orgueil fondé sur tous les rangs.
Si je prenais pour moi ces noms par habitude,
Je croirais revêtir l'ancienne servitude.

SCÈNE II.

Laissons ce qu'a fait Rome et faisons autrement;
Elle eut son siècle d'or, ayons notre moment.
Écoute-moi, Géta, si tu veux me connaître.
J'entrevois tout un monde impatient de naître,
Sans stigmates au front, et sans chaînes au cou;
On n'y connaîtrait plus d'esclaves.

GÉTA.

Es-tu fou?

SPARTACUS.

Plus d'hommes achetés par des hommes;

GÉTA.

Tu railles.

SPARTACUS.

La mort nivellerait partout les funérailles.
Chaque enfant au berceau connaîtrait ses parents,
Et les petits auraient des droits comme les grands.

GÉTA.

Ce monde est impossible.

SPARTACUS.

Et c'est là ma patrie.
Sublime vision!

GÉTA.

Amère raillerie!

LES ESCLAVES.

SPARTACUS.

Non, ce n'est pas railler que fonder la cité
Et la vouloir bâtir sur la seule équité,
Qu'en élargir l'entrée et maintenir la porte
Ouverte toute grande au bon droit qui l'emporte.
Plus d'esclaves, te dis-je ! Il n'en faut plus souffrir.

GÉTA.

Et c'est là le butin que tu veux nous offrir ?
Plus de maîtres sans doute ! admirable équilibre !
Comment puis-je savoir que c'est moi qui suis libre,
Si je ne vois personne esclave comme nous,
Ramper, prier, pleurer, gémir à nos genoux ?
Et comment être sûr que j'ai vaincu les autres,
S'ils ne portent au cou mes chaînes et les vôtres ?
Mon triomphe à ce prix ne serait qu'un affront.
Puis, sans colliers au cou, sans stigmates au front,
Qui voudrait moissonner pour me donner la gerbe,
En ne gardant pour soi rien que la mauvaise herbe ?
S'il fallait à ce point avoir peur d'abuser,
Qui voudrait à la fin mourir pour m'amuser ?
Eh ! qu'a besoin de lois la nouvelle patrie ?
Ton esprit va chercher trop loin son Égérie ;

SCÈNE II.

Tu la mets au-dessus du monde où nous passons ;
La nôtre est tout entière en ce mot : Jouissons.
Pour essayer nos cœurs aux douceurs souveraines,
Donnons-nous avant tout le plaisir des arènes ;
C'est aux maîtres tombés d'y descendre à leur tour.
Nous jugerons les coups sans haine et sans amour.

SPARTACUS.

Rebâtir de nos mains sitôt l'amphithéâtre !
Le briser en granit pour le refaire en plâtre,
Ramener les lions que j'ai chassés d'ici,
N'est pas mon premier vœu, ni mon premier souci.
Je crois que nous pouvons tenter d'autres miracles ;
Et, pour te l'avouer, ce sont d'autres spectacles
Que Spartacus vainqueur promet à l'univers.
Tout noble qu'est le sang d'un lion des déserts,
Qui poursuit dans le cirque un homme et qui le broie,
Le monde s'en dégoûte ; il veut une autre joie.
Des plaisirs des vaincus, pas un ne me séduit ;
J'étouffe en leurs palais où l'opprobre me suit.

GÉTA.

Ainsi tu vas bâtir ta cité dans la nue ?

LES ESCLAVES.

SPARTACUS.

Je fuis une cité qui m'est trop bien connue.
Ici je lis ma honte écrite sur les murs ;
Je doute en les voyant, si les peuples sont mûrs,
Et je ne crois à rien qu'à l'ancienne infamie.
Vainqueur même, au foyer de la race ennemie,
Quand je m'assieds tout seul, là bas sur ce degré,
Où le pied du patron dans la pierre est entré,
Je crois sentir le froid des anneaux de ma chaîne,
Pénétrant mon esprit, glacer jusqu'à ma haine.

GÉTA.

Mais tu pourrais d'ici régner sur l'univers !

SPARTACUS.

Mais je m'y souviendrais que j'y traînai des fers.

GÉTA.

Grand roi, tu dormirais dans la pourpre et l'ivoire.

SPARTACUS.

J'y rêverais du maître au sein de ma victoire.
O monts de la Dacie ! ô neiges ! pics altiers,
Incorruptibles monts que lavent les glaciers,
Trône de Spartacus, jeté sur les abîmes,
Que le chemin est long qui ramène à vos cîmes !

SCÈNE II.

Quand vous verrai-je enfin? Que ces villes de bruit,
Ces temples où les dieux sont toujours dans la nuit,
Et sur ses piédestaux ce grand peuple de pierre,
Qui, nu comme les morts et privé de paupière,
Semble toujours railler, quand nous le regardons,
Et nous dit sans parler : Passez! nous attendons!
Que ce monde de marbre, et d'or, et de porphyre
Est encor insolent au moment qu'il expire!
Qu'il me pèse et me nuit! Tout s'y change en poison.
J'étouffe en ma victoire ainsi qu'en ma prison.
La fumée échappée au toit d'une cabane
Perdue au fond des bois de Thrace où l'aigle plane,
Est plus belle à mes yeux, que tous les dons amers
De la belle Tarente assise sur deux mers.
Ne vois-tu pas ici l'esclave en toute fête?
Je traîne emprisonné dans ma propre conquête,
La tunique du dieu consumé sur l'OEta.
Il est temps d'en finir. Sortons d'ici, Géta.

SCÈNE III.

LES MÊMES, GALLUS.

GALLUS.

Arrête, Spartacus. Les prisonniers demandent
A saluer en toi le vainqueur.

SPARTACUS.
      Qu'ils attendent!

GALLUS.

A quel honneur plus grand prétendit un mortel !
Pieds nus, et mendiant le feu, le pain, le sel,
Les premiers du sénat devant toi vont paraître.
De leur douleur enfin tu pourras te repaître;
Ils viennent t'adorer.

SPARTACUS.
     D'autres soins plus pressants
M'appellent.

GALLUS.
   Goûte au moins une fois leur encens
Avant de les jeter mourants au vomitoire.

SPARTACUS.

Il vaut mieux, j'imagine, achever la victoire.

(Spartacus et Gallus sortent.)

SCÈNE IV.

GELLIUS consul, SCROPHAS, UN AUGURE, GÉTA, gardes; foule de sénateurs romains prisonniers, ils ont tous les fers aux mains.

GÉTA pendant que les prisonniers entrent.

Son peu d'impatience à fouler les vaincus
Est étrange.... Mais quoi! soupçonner Spartacus!...
La prêtresse l'a-t-elle enivré d'un breuvage?
Comme il s'enveloppait dans un obscur nuage!
Reculer d'un moment le plaisir d'être roi?
Se peut-il?... S'il voulait trafiquer de sa foi!

(En sortant.)

N'attendons pas que l'ombre enfante les tempêtes.

(Aux gardes)

Gardes, vous répondrez des captifs sur vos têtes.

(Il sort.)

SCÈNE V.

GELLIUS, SCROPHAS, UN AUGURE, sénateurs prisonniers, gardes.

SCROPHAS.

Un augure ! Un consul ! La moitié du Sénat
Esclaves d'un esclave ! infâme assassinat !

GELLIUS.

Ah ! la faute est à vous, tribuns ! Dans vos harangues
Le frein a disparu qui régissait les langues.
Vous déchaîniez le peuple, et vous êtes surpris,
Ce travail achevé, d'en recueillir le prix.
Sur vos pas le bon grain a germé dans la glèbe.
Avenir, liberté, mots jetés à la plèbe,
Et d'échos en échos, de degrés en degrés,
Tombant toujours plus bas et plus déshonorés,
Du front de Jupiter jusqu'à l'aveugle masse,
Dans l'égout des Tarquins l'esclave les ramasse.
On fait un Marius du moindre plébéien ;
Il se croit propre à tout lorsqu'il n'a tenté rien.

SCÈNE V.

Vous ne voulez que lui dans les magistratures ;
Pour lui vous déchirez le voile des augures ;
Et vous vous étonnez, après cela, qu'un jour,
Votre esclave imagine être un homme à son tour !

L'AUGURE.

Le Consul a dit vrai. Le mal, c'est la faiblesse.
Dans les temples fermés, quand l'ancienne noblesse
Avait le privilége acquis aux immortels
De parler seule aux Dieux voilés sur les autels,
Les cieux ouvraient l'oreille aux prières des villes.
La Peur et la Pâleur, divinités serviles,
Avec l'esclave impur rangeaient le plébéien ;
On ménageait alors le nom de citoyen.
L'interdit enchaînait les pas du prolétaire ;
Partout il rencontrait un abîme, un mystère ;
Et la hache veillait à côté de la loi,
De peur qu'en l'épelant pour l'attirer à soi,
Il ne prît comme nous, sa part des destinées.
C'était là les grands jours, et mes vertes années
Ont vu luire un débris de cet âge d'argent.
Mais depuis que dans Rome un sénat indulgent

Au peuple a concédé le droit des sacrifices,
Depuis qu'aux plébéiens on ouvre les auspices,
Les Dieux ont repoussé l'offrande de leurs mains,
Et le siècle de fer pèse sur les Romains.
Qu'a servi de livrer le droit des funérailles,
Le gâteau consacré des chastes épousailles,
A des hommes nouveaux, engendrés sans parents?
Ils ont tout profané, confondant tous les rangs,
Troupeau vil qui se rue aux étables de Rome.
Et maintenant l'esclave, autre bête de somme,
Convoitant à son tour, un empire affaissé
Est entré par la brèche où le peuple a passé.

SCROPHAS.

Tant de maux à la fois ne sont pas notre ouvrage.
C'est assez de malheurs, n'y joignons pas l'outrage.
Je ne m'en défends pas. Tribun, j'ai soutenu
Le peuple. Quand la loi le laissait pauvre et nu,
Je l'ai souvent couvert des plis de ma parole.
J'étais son bouclier; il était mon idole.
Mais si dans son abîme un peu de jour à lui,
Quel lien trouvez-vous entre l'esclave et lui?

Sur ce point, écoutez : voici ce qui me touche.
Parmi tant de discours échappés de ma bouche,
Est-il un mot, un seul pour l'esclave? Jamais.
Ai-je entendu ses cris perçants dans vos palais?
Ai-je admis qu'il soit homme à ses pleurs? Je le nie;
Si quelqu'un me dément, hé bien, il calomnie.

L'AUGURE.

Enfin tu te repens, Scrophas. Il est trop tard,
La couleuvre en ton sein a réchauffé son dard.
Tribuns, vous éleviez des temples aux tempêtes ;
Adorez maintenant leurs éclats sur vos têtes.

SCROPHAS.

Du haut de la tribune, au cœur de la cité
Quand j'évoquais pour tous la sage liberté,
Quel homme eût pu songer, que là-bas dans le gouffre,
Une foule sans nom, une brute qui souffre
M'écoutait, attelée aux serviles travaux?
Faut-il nous défier aussi de nos chevaux,
De mon chien qui m'entend, vautré sous le portique,
Et du ver qui se tord sur la place publique?
L'esclave était aveugle et sourd. Au nom des Dieux,
Qu'ai-je fait pour ouvrir son oreille et ses yeux?

Que de fois sur le seuil de la bonne Fortune,
J'ai vu ce Spartacus, caché par la tribune,
Accroupi sur la pierre, ignoble remouleur !
Pendant que le Forum saluait l'orateur,
Lui seul restait muet. Haletant, sans pensée,
Dans l'ombre il achevait sa tâche commencée ;
Et ses yeux sur le peuple, égarés au hasard,
Ne voyaient que sa meule aiguisant son poignard.
Ainsi qu'une statue entend le bruit des villes,
Il entendait mugir les tempêtes civiles.
Comment pouvais-je croire en le voyant ainsi,
A terre, sous mes pas, dans sa honte endurci,
Qu'un mot d'un homme libre, une parole fière,
Pût entrer et germer dans ce cerveau de pierre ?

L'AUGURE.

On eût pu le prévoir, si l'on eût bien voulu.

SCROPHAS.

Toujours le lendemain, l'augure a tout prévu.

L'AUGURE.

Près de vos grands esprits que valent les oracles !
Un tribun se perdrait s'il croyait aux miracles.

SCÈNE V.

GELLIUS.

Puisque du prolétaire on fait un sénateur,
Qui sait si mon cheval, effréné novateur,
Affranchi du licou de la démagogie,
N'ira pas réclamer son droit de bourgeoisie?
Vous en ferez sans doute un consul à la fin?
Car, depuis qu'il a pris pour conseiller la faim,
Le peuple a mis la gloire au-dessous de la proie;
Et l'ivresse commande à la raison qui ploie.

SCROPHAS.

Le salut est tout près dans la main du hasard.
Croit-on que Spartacus soutiendra mon regard?
Il vient. Laissez-moi seul avec lui, puisqu'il ose.
Je veux revendiquer cet homme; c'est ma chose.
Je sais les mots qu'il faut à l'esclave échappé
Pour qu'il rende à son maître un butin usurpé.
Ne me maudissez pas tandis que je vous sauve.
Allez! j'aurai bientôt dompté la bête fauve.

(Les prisonniers sortent suivis des gardes.)

SCÈNE VI.

SCROPHAS, SPARTACUS.

SCROPHAS.

Approche ! Sans témoin j'ai voulu te parler.
Mais d'abord, je ne sais de quel nom t'appeler,
S'il faut dire consul, tribun, prêteur, augure ;
Car je ne voudrais pas ici te faire injure,
En te donnant le nom que tu portais hier.

SPARTACUS.

Mon nom est Spartacus.

SCROPHAS.

                Quoi ! tu n'es pas plus fier
Aujourd'hui que la veille après les Bacchanales ?
Tu sais que la victoire aime les Saturnales ;
Tu prends pour ce qu'il est ton masque dans ta main,
Et ne crois pas porter le sort du genre humain !
C'est bien de respecter tous les freins légitimes ;
Mais dis-moi, que veux-tu ? Des dépouilles opimes ?
Fais les conditions. Je signe le traité.
Réponds-moi. Des banquets veux-tu la royauté ?

SCÈNE VI.

Le peuple par ma voix d'avance te l'accorde.
Comme Achille, veux-tu, pour bannir la discorde,
Quelque belle achetée au marché de Sidon?
Dis un mot seulement. Le sénat t'en fait don.
Oubliant, oublié, retiré de la lutte,
Veux-tu dormir au chant des joueuses de flûte?

SPARTACUS.

Dormir encor? oh! non! après un long sommeil,
La chanteuse est moins douce au cœur que le réveil.

SCROPHAS.

Quels sont donc tes désirs? Tu ne veux pas, je pense,
Commander?

SPARTACUS.

Pourquoi non?

SCROPHAS

Le monde t'en dispense;
C'est un trop grand souci. Je n'imagine point
Que tu veuilles lasser tes esprits à ce point
De prendre au sérieux ta fortune nouvelle,
Jusqu'à chercher des lois au fond de ta cervelle.
Ce soin est au sénat; il veut te l'épargner.
Si tu savais combien il est dur de régner,

Quels troubles dévorants, quelles ardentes veilles !
Tout entendre, tout voir, par ses yeux, ses oreilles !
Toujours craindre, espérer, attendre, prévenir !
Refouler le passé, convoiter l'avenir !
Quel dévoûment il faut pour commander aux autres !
A leurs seuls intérêts nous immolons les nôtres.
Et c'est peu ; car il faut aux dieux Capitolins
Arracher le secret des livres Sibyllins.
Avoue, en méditant ce que ton bien m'inspire,
Que ton front est déjà fatigué de l'empire.
Laisse le fer ; prends l'or. M'entends-tu ?

SPARTACUS.

Je t'entends.
Et j'ai grâces aux Dieux compris depuis longtemps.
En te laissant ainsi parler, sans te reprendre,
J'ai voulu voir jusqu'où le Romain peut descendre.
Je le sais maintenant. Va ! tu me fais pitié.
Garde pour tes pareils ta superbe amitié.
Voilà donc ce qu'ils ont dans leur cœur pour l'esclave,
Ces vendeurs de discours plus brûlants que la lave,
Ces tribuns de mensonge, en leurs phrases drapés ;
Du bien du genre humain, nuit et jour occupés !

SCÈNE VI.

Faut-il de tes serments que l'écho retentisse?
Pour qui donc parlais-tu quand tu criais : Justice!
Pour qui donc parlais-tu, quand tu montrais les cieux,
Quand tu disais qu'à Rome on se passe d'aïeux,
Que pour l'homme de cœur ce n'est pas tout de naître,
Que chacun porte en soi son esclave ou son maître?
Les Rostres indignés, pour qui donc parlais-tu,
Quand le peuple montrait ses épaules à nu?
Du fouet patricien tu comptais les morsures
Et tu faisais saigner devant nous les blessures.
Bon peuple! En t'écoutant il se croyait guéri!
Du levain de ton cœur ne m'as-tu pas nourri?
L'écho ne m'apportait qu'un mot de ta harangue;
J'en vivais tout un jour, en enchaînant ma langue.
Tu voulais donc jouer! Misérable! Et pourquoi?
Dis! que t'avions-nous fait, pour tromper notre foi?
Aujourd'hui même encor, après cette infamie,
Tu mets le fer brûlant sur ma plaie endormie;
Tu veux me poignarder de ton rire moqueur,
Dernière arme laissée à qui n'a plus de cœur.
Car ces hommes de bien, hôtes du Capitole,
Sitôt qu'ils sont priés de tenir leur parole,

Ils répondent à tout par un ricanement
Hideux et sépulcral, comme un bruit d'ossement
Dans l'urne où l'on agite une cendre attiédie.
Je ne sais pas ainsi jouer la comédie.
Ris encor si tu veux de ma simplicité ;
Ce qui sort de ma bouche est pour moi vérité ;
Et je te dis sans fard que c'est un rôle infâme
De mentir du Forum aux peuples qu'on enflamme,
Que l'univers est las, de vous, de vos licteurs,
Et qu'il veut arracher leurs masques aux acteurs.

SCROPHAS.

Si l'univers est las de nous, de notre empire,
Je ne m'oublîrai pas jusqu'à te contredire ;
Cependant sans vouloir réveiller tes ennuis,
C'est moi qui fus ton maître.

SPARTACUS.

Et c'est moi qui le suis.
Tu possédais mes bras, et moi je tiens ton âme
Rampante sous mes pieds.

SCROPHAS.

Pourtant je te réclame ;
C'est moi qui t'achetai cent mines.

SCÈNE VI.

SPARTACUS, *il jette de l'or aux pieds de Scrophas.*

                              Les voici !

Tiens, Tribun, baisse-toi. Je me rachète ainsi.

SCROPHAS.

Crois-tu donc en un jour grandir d'une coudée?

SPARTACUS.

Je crois que pour grandir il ne faut qu'une idée.

SCROPHAS.

Quitte pour le butin l'ombre sans marchander.
Tu risques de tout perdre en voulant tout garder.

SPARTACUS.

Je risque en effaçant les Dieux du Capitole,
De soulever le monde avec une parole.

SCROPHAS.

Laquelle?

SPARTACUS.

    Liberté!

SCROPHAS.

                  Tu veux changer les lois !

Douze tables d'airain ! Beau prix de tes exploits !
Qu'un homme vive libre aux colonnes d'Hercule,
Spartacus enfle-t-il d'un denier son pécule?

De tous ces vains combats qui pourra te payer?
Pourquoi tenter la mort? Tu n'as point de foyer,
De lare familier qui vaille un sacrifice.

SPARTACUS.

Mon foyer est partout où brille la justice.

SCROPHAS.

Tu n'as point de patrie à qui tu dois ton bras.

SPARTACUS.

Ma patrie est partout où la tienne n'est pas.

SCROPHAS.

Tu n'as point de parents.

SPARTACUS.

    Chaque esclave est mon frère.

SCROPHAS avec ironie.

O famille innombrable!

SPARTACUS.

    O défi téméraire!

SCROPHAS.

Mais tu n'as point de Dieux armés pour ton dessein.

SPARTACUS.

Je porte en moi mes Dieux qui grondent dans mon sein;

Ils s'indignent de voir que je daigne répondre,
Quand un geste suffit ici pour te confondre ;
J'aurais peur à la fin, de les faire éclater,
Si je ne m'imposais de ne plus t'écouter.

(Il sort.)

SCÈNE VII.

SCROPHAS seul, GARDES.

Gloire ! foyer ! patrie !.... Ainsi le Ciel conspire !
L'Esclave a dérobé les secrets de l'empire.
Il sait les mots aîlés qui changent les destins.
C'était peu d'enlever les étendards latins,
D'apprivoiser des yeux nos aigles abattues,
De dépouiller la gloire en brisant les statues ;
Rome pouvait avec la toile des tombeaux,
De ses vieux étendards recoudre les lambeaux,
Et retrouvant le marbre au sein de la carrière,
Retrouver dans le bloc ses grands hommes de pierre.
Mais si des mots sacrés on pille le trésor,
Si l'Esclave prend l'âme et s'il rejette l'or,

S'il s'élève au niveau des héros, s'il les touche,
Si, confident des Dieux, il apprend de leur bouche
Les paroles d'airain qui forcent d'obéir,
Que faire?... En me parlant, il m'a vu me trahir.
Ma honte se cachait en vain sous l'ironie.
D'invisibles faisceaux protégeaient son génie.
Que dis-je!.. Un mot de plus et je baissais les yeux
Devant la majesté de l'Esclave!... Grands Dieux!
Un moment j'ai senti mon maître dans cet homme,
Lui, l'esclave public, le vil jouet de Rome!
Mon maître! Lui! Comment suis-je tombé si bas
Qu'il dompte mon esprit aussi bien que mon bras?

(Il sort.)

SCÈNE VIII.

LE CHOEUR DES PRÊTRES DE LA PEUR ET DE LA PALEUR.

UN PRÊTRE DU CHOEUR.

Pendant que le temple s'écroule
Sous les marteaux retentissants,
Quand le Dieu, comme l'eau, s'écoule,
Où porterai-je mon encens?

SCÈNE VIII.

LE CHOEUR.

O Peur! Vierge muette, à la bouche béante,
C'est toi que nous loûrons. Tu grandis, ô géante,
Par toi-même enfantée à l'ombre de ton nom !
Quand tous les Dieux ont fui, tu nous restes fidèle,
   Et tu peux d'un coup d'aile,
    Refaire un Panthéon.

Par toi, le monde tremble au tomber d'une feuille ;
Par toi, chez les vautours l'augure se recueille,
Et l'univers pâlit sous l'aile du corbeau.
O Peur ! que te faut-il pour qu'un peuple frissonne ?
   Une herbe qui résonne
    Séchée en un tombeau.

Que fais-tu dans les bois, assise sur la terre,
Avec la feuille morte où germe le mystère,
Semant l'horreur divine au pied des arbres sourds?
Les cheveux blanchissant d'angoisse au fond des grottes,
   Est-ce toi qui sanglottes
    Dans les antres des ours?

LES ESCLAVES. SCÈNE VIII.

Ton trône, c'est l'esprit des hommes, ô déesse!
Rentre dans ton palais envahi par l'ivresse;
Tremblante, rassieds-toi sur tes tremblants autels.
Comme en une ruine, un hibou se lamente,
      Jette un cri d'épouvante
      Dans l'âme des mortels.

Sur le seuil des cités d'où l'avenir s'élance,
Ramène la Pâleur aveugle et le Silence.
Aux cents voix de la gloire attache ton bâillon.
La plèbe adore encor le char quand il la foule;
      Dans le cœur de la foule
      Darde ton aiguillon.

Aussitôt les vainqueurs, rejetant leur conquête,
Sous les pieds des vaincus iront porter leur tête;
Et la paix renaîtra sur tes genoux d'airain.
Tels les chevaux errants, la nuit, dans les décombres,
      Effrayés de leurs ombres,
      Redemandent le frein.

FIN DU SECOND ACTE.

ACTE III.

La scène est à Capoue dans les ruines d'un cirque et d'un temple.

SCÈNE PREMIÈRE.

GALLUS, COTYS, STELLA.

GALLUS à Stella.

Où manquent les concerts, il n'est pas d'homme libre.
Qu'as-tu fait de ta lyre?... Ah! la voici qui vibre.
(Il prend la lyre et la remet à Stella.)
Redis-nous les chansons qui caressaient le cœur
Des maîtres. Après toi nous formerons le chœur.
Puisse l'écho nombreux éveiller leur pensée
Comme le souvenir d'une joie effacée!
Car de la servitude on sent mieux le poison,
Quand l'hymne bat de l'aile aux murs de la prison.

STELLA.

Moi ! chanter ! que dirai-je ?

GALLUS.

Un hymne d'allégresse.

STELLA.

Je ne sais pas chanter pendant les jours d'ivresse.

GALLUS.

Eh bien ! dis une fable et jette-nous des fleurs.

STELLA.

Au moins pardonnez-moi si j'y mêle des pleurs ;
Vous savez que souvent le chant trompe la lyre.
Tel qui va sangloter commence par sourire.

GALLUS.

Les pleurs sont pour l'esclave et nous ne pleurons plus.

STELLA.

Ésope racontait cette fable à Xanthus :

(Elle chante.)

Le noir serpent disait à l'alouette :
Que vas-tu faire à la cime des cieux ?
Te crois-tu donc fille de la chouette
Qui suit Minerve à la maison des Dieux ?

SCÈNE II.

Imite-moi ! vois ! j'embrasse la terre ;
Saisis ta proie en te roulant ainsi.
Des vieux États je ronge la poussière ;
Quitte la nue et viens ramper ici.

Dans un sillon, comme il sifflait encore
Un moissonneur l'écrase sous son char.
L'oiseau joyeux qui réveille l'aurore,
Buvait au ciel un reste de nectar.

COTYS.

Enfant, ajoute encor, si la fable est complète :
Le serpent c'est Géta ; Spartacus l'alouette.

GALLUS.

Ne cherche pas le sens, si loin de la chanson ;
Ce n'était rien qu'un jeu de la lyre, un vain son.

SCÈNE II.

GALLUS, COTYS, STELLA, elle tresse des couronnes ;
PALLAS, GÉTA.

GALLUS.

Déride-toi, Géta, tu n'es plus dans l'arène.
Eh ! Pallas ! Loin de nous quel noir souci t'entraîne !

PALLAS.

Je crains de soupçonner à tort...

COTYS.

Qui?

PALLAS.

Spartacus.

COTYS.

Ah! de lui je réponds.

GALLUS.

Autant que de Gallus.

PALLAS.

C'est là ce qu'en mon cœur je me dis à moi-même ;
Car enfin Spartacus est mon héros, je l'aime.

COTYS.

C'est trop peu de le dire ; il faudrait le prouver.

PALLAS.

Je cherche la lumière et crains de la trouver.

COTYS.

Quand on a dans ses rangs découvert un grand homme,
Il faut qu'on le respecte, ainsi qu'on fait à Rome ;
Et c'est montrer peut-être un œil trop soucieux
De chercher au soleil des taches dans les cieux.

SCÈNE II.

PALLAS.

Vous l'appelez grand homme !.... Un autre pourrait dire
Que c'est mettre trop bas les marques de l'empire.
Soit ! ne marchandons pas ! grand homme, j'y consens.
Allons ! prosternez-vous !... Esclaves ! de l'encens !
Quoi ! vous n'adorez pas votre maître?... Que dis-je?
Vous restez là debout en face du prodige !

GALLUS.

Prenons garde en effet de le trop admirer.

COTYS.

Sans en faire une idole, on le peut honorer.

PALLAS.

L'idole est dans le cœur.... Que tardez-vous? Courage !

(Après un silence.)

Mais enfin, qu'a-t-il fait qui ne soit votre ouvrage,
Cet Hercule? Comptons ses douze grands travaux.

(Montrant Géta et Gallus.)

Moi, sans sortir d'ici je lui vois deux rivaux.

GÉTA.

Il est vrai que nos mains ont aidé son génie.

GALLUS.

J'ai mis mon grain de sable à son œuvre.

PALLAS.

Il le nie.

Son plan était grossier, vous l'avez corrigé.

GÉTA.

Je l'ai du moins suivi quand il m'a dirigé.

GALLUS.

Avant lui, j'avais eu longtemps la même idée.

COTYS.

Comme un secret d'État, tu l'as toujours gardée.

GALLUS.

Quand il a commencé j'allais l'exécuter.

PALLAS à Gallus.

Il t'a pris ta pensée, on n'en saurait douter.
J'en étais sûr d'avance.

GALLUS.

Et le projet, peut-être,

N'eût pas perdu beaucoup....

PALLAS.

A se passer d'un traître.

SCÈNE II.

Oui, le mot est lancé, je ne m'en dédis pas.
N'est-ce pas trahison de marcher sur vos pas,
Et piller la moisson que vous avez semée?
N'a-t-il pas usurpé lui seul la renommée?

(On entend des cris au dehors.)

Écoutez! Que dit-on?... Spartacus! Spartacus!
Toujours lui! rien que lui!... Vous êtes les vaincus.
Mais qui connaît Gallus ou Géta? Qui les nomme?
Le monde n'aura-t-il des yeux que pour cet homme?
Voulez-vous que vos noms périssent dans le sien?

GALLUS.

Je voudrais du naufrage au moins sauver le mien.

GÉTA.

C'est justice.

(Les cris du dehors redoublent.)

PALLAS.

Entendez la grande voix qui roule.

GÉTA.

Pourquoi ne nomme-t-on que lui seul dans la foule?

PALLAS.

Pourquoi le faites-vous plus grand que le destin?
Mais c'est peu que la gloire, il vous prend le butin.

Que vous sert de tenir dans vos mains l'Italie
Pour coiffer son Janus du bonnet de Phrygie?
Montrez-moi quel salaire a payé vos travaux.
Pas une joie au cœur, et des combats nouveaux;
Harrasser vos esprits à suivre ses pensées;
Tout réserver pour lui, même les gynécées.....

GALLUS.

C'est vrai; nul des captifs n'est sorti de ses mains.

PALLAS.

Il veut vous les voler pour les vendre aux Romains.
Comment! Vous n'avez pas entre vous un esclave?
Vous l'êtes donc vous-même encor! Mais il vous brave!..

GALLUS.

Je le crois comme toi.

GÉTA.

Va! tu m'ouvres les yeux.

PALLAS.

Voulez-vous en un jour vous faire des aïeux?
Voulez-vous que ce soir votre règne commence?

GALLUS.

Sans doute.

SCÈNE III.

PALLAS.

Hé bien ! laissez le Thrace à sa démence ;
Faites-vous un esclave afin d'avoir un droit.

GALLUS.

C'est cela.

PALLAS.

Les captifs sont près de cet endroit ;
Géta, cours les chercher. Comme la loi l'ordonne
Qu'ils soient tous à l'encan vendus sous la couronne.

(Géta sort.)

GALLUS.

O véritable ami ! Tu nous aimes pour nous.
Qu'il me tarde de voir un Romain à genoux !

SCÈNE III.

LES MÊMES, GÉTA, GELLIUS, SCROPHAS, LUCIUS, L'AUGURE, PARMÉNON, UN PRÉTEUR ; FOULE DE SÉNATEURS PRISONNIERS, ils ont tous les fers aux mains.

GALLUS pendant que Géta ramène les prisonniers.

Qu'ils se rangent en cercle ; ainsi le veut l'usage.
Nous ne prenons pour nous que les chefs.

PALLAS.
C'est plus sage.

GALLUS.

Le reste du Sénat sera pour le troupeau.

(A Stella.)

Toi, chanteuse, prépare à chacun son bandeau.
Vous le savez aussi, la coutume demande
Qu'ils soient interrogés avant qu'on les marchande.

PALLAS.

Agis en notre nom, pour mieux nous accorder.

GALLUS, il s'approche du cercle des captifs.
(A Gellius.)

Que sais-tu faire, toi, proconsul?

GELLIUS.
Commander.

GÉTA à part.

Il se croit au Sénat, assis au bord du Tibre.

GELLUS à l'Augure.

Et toi?

L'AUGURE.

Parler aux Dieux.

SCÈNE III.

GALLUS à Scrophas.

Toi?

SCROPHAS.

Rendre un homme libre!

GALLUS au Préteur.

Préteur!

LE PRÉTEUR.

Je fais la loi.

GALLUS à Lucius.

Toi que sais-tu?

LUCIUS.

Mourir.

GALLUS.

Bel art qui peut se perdre et ne peut s'acquérir!
Craignons de l'oublier étant ce que nous sommes.

GÉTA.

Ces hommes ne sont pas comme les autres hommes ;
Les fers pèsent sur eux sans courber leurs esprits.

GALLUS.

As-tu peur d'eux? C'est là ce qui hausse leur prix.

(A Parménon l'affranchi.)

Ah ! voilà Parménon ! Et lui, que sait-il faire ?

PARMÉNON.

Moi, je suis affranchi, donc je suis votre frère,
Et la faute est aux Dieux si je me trouve ici.
Mon père fut esclave, et je le fus aussi ;
Je suis un des vainqueurs. Vous êtes ma famille.
Du fer chaud à mon front, voyez ! le signe brille.

GALLUS.

Il dit vrai. Viens ici, partager le butin.
Pourtant, nul ne t'a vu, le combat incertain !

(Parménon sort du cercle des captifs et se place entre Pallas et Géta qui lui ôtent ses fers. Gallus prend un casque, et il y jette des sorts.)

Maintenant dans ce casque où je mêle ces signes,
Chacun, tirons au sort les dépouilles insignes.

(Ils tirent au sort.)

PALLAS.

Le préteur m'appartient.

GÉTA.

Le consul est à moi.

GALLUS.

En me laissant l'augure, on m'a laissé le roi.

SCÈNE III.

COTYS.

Amis, n'oublions pas la divine chanteuse
Qui mêle au vin amer une chanson mielleuse.
La lyre sonne encor sous les doigts de l'enfant.
Donnons dans le butin les prémices au chant.

PALLAS.

Il a raison. C'était l'usage des ancêtres.

COTYS.

Pour ton lot que veux-tu, Stella ?

STELLA.

Mes anciens maîtres.

GALLUS.

O justice ! ton jour brille donc en effet ?
Tu vas leur rendre, enfant, tout le mal qu'ils t'ont fait.
Prends-les. Ils sont à toi. Jouets de ta faiblesse,
Conduis par les chemins ces forts lions en lesse.
En les voyant passer les peuples en riront ;
Avant tout, va poser ces bandeaux sur leur front ;
C'est le signe moqueur, qui couronne l'esclave
Du diadème impur qu'aucune onde ne lave.

Nous fûmes rois ainsi ; qu'ils le soient après nous.

(Stella prend les couronnes ; elle s'approche du cercle des captifs ; en voyant ses maîtres Scrophas et Lucius, elle laisse tomber toutes les couronnes à leurs pieds.)

GÉTA.

Mais que fait cette enfant? Elle a peur. Voyez-vous?
Elle a laissé tomber à leurs pieds les couronnes,
Comme aux pieds des grands Dieux les pieuses matrones.

GALLUS.

Qu'importe? Ils paraîtront dans nos jeux palatins.

(D'un côté sortent Stella, Scrophas, Lucius. De l'autre les Prisonniers suivis des Gardes.)

SCÈNE IV.

GALLUS, COTYS, GÉTA, PALLAS, PARMÉNON.

GALLUS.

C'est l'heure maintenant de régler les destins.
Asseyez-vous, amis, sur les chaises curules ;
Et que Minerve ici se montre aux incrédules !
Nous sommes le conseil. Les avis sont ouverts.
Chacun en nous parlant s'adresse à l'univers.
Ton avis, Parménon !

SCÈNE IV.

PARMÉNON.

Le voici sans faiblesse :
Il nous faut un sénat, plus bas une noblesse,
Ensuite l'ordre équestre armé de l'éperon,
Pour mettre au peuple un frein dans la main du patron.

GALLUS.

Du pouvoir, avant nous, tu fis l'apprentissage,
Et je crois, affranchi, ton avis le plus sage.
Pourtant mets ta pensée au niveau de nous tous ;
Et dis-moi qui voudrait être peuple chez nous ?

PARMÉNON.

Nos compagnons d'hier, dont un jour nous sépare,
Ce grand troupeau sans nom, ce Cyclope barbare
Qui n'ayant rien qu'un œil, dans son antre endormi,
Ne peut se relever et vivre qu'à demi.
Qu'avez-vous de commun avec eux, je vous prie ?
L'origine, dit-on ? Vain hasard ! Duperie !
Vous-mêmes, savez-vous quel fut votre berceau ?
Peut-être que les Dieux l'ont marqué de leur sceau.
Injustement perdus dans la foule grossière
Une voix vous disait : Tu vaux mieux que ton frère.

En vous marquant hier de l'empreinte des forts,
Le Ciel a réparé l'injustice des sorts.
Il vous a retiré du milieu de la foule :
Voulez-vous y rentrer, ou briser votre moule ?
Si la masse avec vous grandit, vous n'êtes rien.
Sans garder votre rang, vous reprenez le sien.
Qui se souvient ici qu'il fut esclave ? Dites :
Le fûtes vous vraiment ? non ! paroles maudites !
Vous esclaves ! jamais ! Me nierez-vous ceci ?
C'était déjà régner que de servir ainsi.

GALLUS.

Tout à l'heure pourtant, tu montrais tes stigmates.

PARMÉNON.

En me les rappelant, sois sûr que tu me flattes.

GALLUS.

Tu nommais tes parents nos compagnons d'hier.

PARMÉNON.

C'est dans leur intérêt qu'il faut les renier.
Quand le pouvoir chez nous débordera, sans doute,
Il sera temps alors d'en verser une goutte
A terre, dans la foule, au front des nations ;
Je leur promets alors d'amples libations.

SCÈNE IV.

Mais d'abord, il faut rompre avec les misérables.

COTYS.

Rompre avec nos aïeux ! ô conseils exécrables !

PARMÉNON.

Allons ! je le vois bien ! C'est moi qui me trompais ;
Et j'avais tort ici de troubler votre paix.
Je voulais au Sénat prendre sa politique,
Et la porter chez vous sur la place publique,
Vous livrer les ressorts que mon œil a surpris,
Sur la chaise curule asseoir mieux vos esprits.
Folle espérance ! Il faut ici d'autres pensées ;
Les miennes, je le vois, sont chez vous déplacées.

GÉTA.

Ne désespère pas sitôt de tes leçons.
Nous étions des enfants ! mais vois ! nous grandissons.
Il en est parmi nous qui peuvent te comprendre.

PARMÉNON.

J'avais tort de vouloir ici me faire entendre,
C'est aux patriciens que je croyais parler ;
Et vous avez bien fait de me le rappeler.

GÉTA.

Leur esprit n'est pas fait autrement que le nôtre.

LES ESCLAVES.

PARMÉNON.

Ils ont leur politique et vous avez la vôtre.

GALLUS.

Tu les connais si bien ! montre-nous leurs secrets.

PARMÉNON.

Non pas ! si vous changiez, je le regretterais.

GALLUS.

Faut-il te supplier ? Prête-nous ta science.
Nous sommes, nous, le bras, et, toi, l'expérience.

PARMÉNON.

Mais pourquoi donc changer de conduite après tout ?
Je vous conseille, moi, de pousser jusqu'au bout.
Tant de prospérités au fond de l'Ergastule,
Tous vos aïeux mourant d'une mort ridicule,
Et tous vos siècles d'or se traînant à genoux,
Ce sont là des témoins qui déposent pour vous !
Non, vraiment, pour grandir vous êtes trop bons frères.
Léguez à vos enfants le bonheur de leurs pères.
Politique d'églogue aux candides pipeaux !
Bergers arcadiens, abreuvez vos troupeaux.
Dans la coupe de buis présent de Galatée
Nourrissez-vous du lait de la chèvre Amalthée.

SCÈNE IV.

Sur la flûte chantez les vergers, les moissons,
Les satyres velus, riant dans les buissons.
Mais de grâce laissez, de peur que tout n'empire,
A de moins innocents le crime de l'empire.

GALLUS.

Affranchi ! nous saurons nous élever à toi.

PALLAS.

Depuis que je suis né, je partage ta foi.

GÉTA.

Je condamne à la croix quiconque me rappelle
Que je naquis esclave ; et je le tiens rebelle.
Comment êtes-vous nés, vous autres ? Chez les Dieux,
Au sommet de l'Ida, je choisis mes aïeux.
Je descends de Bacchus.

GALLUS.

        Junon est ma maîtresse.

PALLAS.

Moi, j'appelle ma sœur, Diane chasseresse.

GÉTA.

Et nous verrons bientôt les peuples à genoux
Dans nos temples.

PARMÉNON.
Mais qui sera sur l'autel?
GÉTA.
Nous!
PARMÉNON.
Je t'avertis, Géta, que le pouvoir enivre.
Prends garde à ta raison ; tu pourrais lui survivre.

GÉTA.
Qui nous empêchera d'être nos déités?
Voyez-vous quel encens surgit à nos côtés?
Combien de petits rois, dans leur île inconnue,
Qui valaient moins que nous, sont montés sur la nue!

PARMÉNON.
Encore un coup, Géta, c'est un funeste jeu
De contrefaire ici la figure d'un Dieu.
Le vertige vous prend à manier la foudre;
Redescends sur la terre avant de rien résoudre.

GÉTA s'exaltant.
Hier, en me voyant vers son antre accourir,
La Sibylle trois fois a dit : je veux mourir.
Pan est mort! a redit la voix autour des îles,
Et le deuil des grands Dieux se répand dans les villes.

SCÈNE IV. 93

Hé bien ! qu'ils meurent tous ! nous les remplacerons.
Jeunes Olympiens, c'est nous qui verserons
La joie à pleines mains, sur le monde !

PARMÉNON.

Il délire.

GÉTA, il prend des dés et les jette à terre, à ses pieds.

Sur un seul coup de dés, je joue ici l'empire.

GALLUS.

Les dés sont pour Géta ! Salut à l'empereur !

PALLAS.

Est-ce un jeu ?

COTYS.

Je ne sais.

PARMÉNON.

C'est un jeu qui fait peur.

GÉTA.

Décrétons aujourd'hui l'âge d'or.

GALLUS.

Oui ! qu'il vienne !
Si non, avant ce soir, la roche Tarpéienne !

GÉTA s'exaltant de plus en plus, jusqu'à l'égarement.

Le Dieu ! voici le Dieu ! c'est moi qui deviens Dieu !
Versez, pour moi, l'encens et le vin dans le feu !

Conduirai-je le char du jour dans l'empyrée,
Ou suivrai-je aux enfers la Ménade égarée ?
Qui suis-je ? Ah ! je le sais. Je m'appelle Bacchus
Et je traîne après moi les Centaures vaincus.
Je déroule les cieux dans ma robe étoilée.
Frappez du thyrse ! encor ! la terre est ébranlée.
   (Aux esclaves.)
Hommes, que faites-vous ici ! Suivez mes pas.
D'où venez-vous ? Pourquoi ne m'adorez-vous pas ?
Moi, je vous reconnais. Vous êtes mes esclaves,
Et vous avez caché sous l'autel vos entraves.
Prêtres ! ils sont à moi pour être mon jouet ;
Évohé ! Qu'on les lie et les frappe du fouet.

COTYS.

Ainsi le Dieu punit ceux qui prennent sa place ;
Il renverse du char leur raison qui se glace.

PALLAS.

Tel enivré d'encens a péri Phaëton.

GÉTA délirant.

Ménade, emplis ta coupe et buvons à Pluton !
Pose-moi sur ce roc où le vertige habite ;
L'abîme, en tournoyant, me sourit ; il m'invite.

SCÈNE IV.

PARMÉNON.

Un pouvoir trop subit, chez les hommes nouveaux,
Souvent de ces vapeurs obsède leurs cerveaux.

GALLUS à Géta.

Reviens à toi, Géta. L'Olympe dégénère.

GÉTA en revenant à lui.

Ah! Je suis fatigué de porter le tonnerre.

GALLUS.

C'est nous.

GÉTA.

Bacchante assez! ton vase était trop plein.
(En se réveillant et cherchant autour de lui.)
Où donc est la Ménade à la robe de lin?

GALLUS.

De qui veux-tu parler? Nous n'avons vu personne.

GÉTA.

Prêtez l'oreille! Au loin sa cymbale frissonne....
Quoi! vous n'avez pas vu la Ménade, ici?

GALLUS.

Non.

GÉTA.

Entendez donc l'Écho l'appeler par son nom.

Du moins, vous avez vu, traîné par deux panthères,
Passer le jeune Dieu, conducteur des mystères ?
Il était là, vous dis-je ?

GALLUS.

Où donc ?

GÉTA.

Sur ce chemin ;
Et son cortége avait des thyrses à la main.

PALLAS.

C'est étrange pourtant.

GALLUS.

Oui, je crains un blasphème.

COTYS.

D'une mystique horreur je frissonne moi-même !

PALLAS.

Qui pourrait assurer que ses yeux n'ont rien vu ?

COTYS.

Souvent un Dieu jaloux se montre à l'imprévu ;
Visible pour un seul, malheur à qui le nie !

PARMÉNON.

Qu'entends-je ? De Géta vous suivez la manie !

SCÈNE IV.

GALLUS.

Les nobles n'ont pas seuls la visite des Dieux.
Pourquoi n'aurions-nous pas commerce avec les cieux?
L'aigle de Jupiter enleva Ganymède;
Qu'était-il? un berger, esclave du roi Mède.
Laissons-nous emporter après lui. Moi je sens
Dans l'air, ici, partout un vestige d'encens.

COTYS.

Du cortége sacré je revois la poussière.

PALLAS.

Évohé! moi du char j'ai retrouvé l'ornière.

PARMÉNON.

Ainsi donc le vertige est ici souverain!
L'invisible Bacchante a déchaîné le frein!

GALLUS.

Tout le monde n'est pas, quand il veut, incrédule.

PARMÉNON.

Et vous ne craignez pas, grands rois, le ridicule?

PALLAS.

Il faut des Dieux au peuple.

PARMÉNON.

Il en faut même aux fous.
Hé bien! faites-vous donc un Olympe entre vous.

(Parménon sort.)

SCÈNE V.

LES MÊMES, CINTHIE, STELLA, CHOEUR DE JEUNES FILLES ESCLAVES QUI PORTENT UN TRÉPIED.

GÉTA.

La prêtresse! Elle vient dans le moment propice.

(à Cinthie.)

Salut! Toi seule ici manquais au sacrifice.
Prends ta faucille d'or. Nous voulons te donner
Dans le champ de l'esclave un peuple à moissonner.
Vois! Te préparons-nous des fêtes solennelles?

(Géta écarte le voile de la porte du Cirque. On aperçoit au loin deux larges voies Romaines plantées nouvellement de croix jusqu'à l'extrémité de l'horizon.)

CINTHIE.

Qu'ai-je vu? les chemins plantés de croix nouvelles!

SCÈNE V.

Horreur ! Quel peuple ici veut-on crucifier ?

GÉTA.

L'ancien monde. Il saura, ce soir pour expier,
S'il est doux de mourir sur l'arbre de l'esclave.
Du sommet de ces croix que le patron nous brave !
Toi, foule le trépied et dis-nous l'avenir.
Le règne de l'Esclave est-il près de finir ?

(Les Esclaves entraînent Cinthie sur le trépied.)

CINTHIE.

Où mènent ces chemins ?

GÉTA.

Au triomphe.

CINTHIE.

Au supplice.

Jupiter Tarpéien vous pousse au précipice.
Horreur des bois sacrés ! Ma langue à mon palais
Se glace. Vous m'avez surprise en vos filets.

LES ESCLAVES.

Prophétise !

LE CHOEUR DES JEUNES FILLES.

Cueillez le gui sur le vieux chêne ;
Vierges, cueillez aussi dans les champs la verveine.

STELLA à Cinthie.

Reçois l'épi sacré, couronné de bluets.

CINTHIE sur le trépied.

Malheur ! Dans la forêt les arbres sont muets.
Je cherche en vain le sang du Dieu sous cette écorce.
Avec les immortels, vous avez fait divorce.
Quelqu'un a profané les mystères. Malheur !
Vous avez desséché l'avenir en sa fleur.

(Elle rejette le gui et la verveine.)

LE CHOEUR DES JEUNES FILLES.

Jeunes filles, cueillez le gui sur le vieux chêne ;
Vierges, cueillez aussi dans les champs la verveine.

CINTHIE.

Regardez ! la faucille a perdu son tranchant ;
Je ne moissonne ici qu'ivraie en votre champ.
Avez-vous donc pillé la moisson dans son germe ?
Sous ses portes d'airain l'avenir se renferme.
Douleur ! il ne veut plus se confier à moi.

STELLA.

Voici les vases saints.

CINTHIE repoussant les vases.

Regarde au fond. Je voi

SCÈNE V.

Deux vipères ramper dans ces urnes sanglantes.
Ah! vous souillez vos cœurs de passions rampantes,
Et vous cachez ici quelque méchant dessein,
Mordrez-vous donc toujours votre nourrice au sein?
Montrez vos glaives.

LES ESCLAVES *en lui présentant la pointe des glaives.*
Tiens !

CINTHIE.

Du sang! Mais c'est le vôtre.
Vos veines l'ont nourri. Vous n'en versez pas d'autre.
Esclaves, croyez-vous qu'on fonde les États
Seulement sur l'envie et sur les attentats?
Voyez-vous ces vautours, présage de torture?
Que cherchent-ils? C'est vous qu'ils veulent pour pâture.
Élevez, élevez les croix sur le chemin ;
Vos corps sans sépulture y pourriront demain.

LES ESCLAVES.

L'oracle ment!

LE CHOEUR DES JEUNES FILLES.

Cueillez le gui sur le vieux chêne ;
Vierges, cueillez aussi dans les champs la verveine.

LES ESCLAVES.

GÉTA.

Sibylle, que veux-tu pour toi?

CINTHIE.

Je veux mourir.
Car les cieux endurcis refusent de s'ouvrir.
L'avenir ne veut plus de moi pour sa prêtresse;
Pleurez, ô compagnons, pleurez la prophétesse.
O douleur! puissiez-vous ne jamais l'éprouver!
Chercher en soi les Dieux et ne plus les trouver.

(Elle descend du trépied.)

Trépied, d'où je voyais l'avenir dans sa gloire,
Je ne monterai plus par tes degrés d'ivoire.
Loin de toi que ferai-je? Où fuir? dans les cités
On raille les devins que les Dieux ont quittés.
La cymbale brisée on la foule sans crainte.
Comme le rossignol, quand sa voix s'est éteinte,
J'irai cacher mon deuil aux antres des grands bois.
O pins mélodieux! ô prophétique voix!
Mais, non; il faut mourir. Reprenez les offrandes,
Le bâton de l'augure, entouré de guirlandes.
Je ne garde pour moi que la faucille. Adieu.

SCÈNE V.

STELLA.

O mes sœurs gémissons!

CINTHIE au chœur des jeunes filles.

Oui, rappelez le Dieu,
Et puissiez-vous avoir les victimes propices!
Je ne réglerai plus l'ordre des sacrifices.
Hélas! peut-être, un jour, sous un maître inhumain,
Assises sur la terre et le front dans la main,
Le dur anneau de fer que Némésis apporte,
Vous liera près des chiens qui veillent à la porte.
Alors, on oublîra qu'hier, sur ces trépieds,
Votre sœur abaissait les astres à vos pieds.

(Elle s'éloigne.)

GÉTA.

Bah! nos prospérités démentent tes présages.

CINTHIE.

Au fond de vos douleurs, je voyais moins d'orages.

GÉTA.

Prophétesse de mort, tu maudis le succès.

CINTHIE.

Quand le malheur viendra, je le suivrai de près.

(Elle s'éloigne. Les torches s'éteignent.

COTYS.

La nuit descend ici. Présage de tempêtes,
Quand le souffle d'en haut s'éteint chez les prophètes.

GÉTA.

Eh non ! Ne vois-tu pas que, maîtres du butin,
Nous sommes désormais l'oracle et le destin ?

FIN DU TROISIÈME ACTE.

ACTE IV.

Un promontoire du détroit de Messine. D'un côté la ville de Rhégium ; de l'autre les côtes de la Sicile. Le camp de Spartacus. Dans le lointain, les tentes du camp de Crassus.

SCÈNE I.

SCROPHAS, LUCIUS, enchaînés, **STELLA**.

SCROPHAS.

Voilà donc tes plaisirs, Dieu railleur, ô Saturne !
Tu changes à ton gré les sorts au fond de l'urne ;
Un enfant mène en lesse un proconsul romain,
Et tu mets l'avenir dans la plus faible main.

LUCIUS.

Mon père, arrêtons-nous dans ce lieu solitaire !

STELLA.

O mes maîtres chéris, vous pouvez sans mystère

Regarder et parler. Vous êtes sans témoins.
Est-ce vous que je vois ? Un Dieu troublerait moins
Mon esprit ! Oui, c'est vous que j'entends, que j'embrasse.
Que ne puis-je porter vos fers à votre place !
Car vous n'êtes pas nés comme moi pour souffrir ;
Et la douleur chez nous est plus prompte à guérir.
Venez, asseyez-vous, Seigneurs, sur cette pierre,
Et de vos pieds sanglants, j'essuîrai la poussière.
(Elle étend son manteau sous leurs pieds.)

LUCIUS.

Ainsi, c'est toi, Stella, qui vas nous mettre en croix ;
Les Dieux l'ont décidé ; demain, si je les crois...

STELLA.

Ah ! ne prononcez pas les mots de triste augure ;
Je n'ai point, ô Seigneur, mérité cette injure.

LUCIUS.

Va ! c'était pour railler.

STELLA.

            Après tant de malheurs,
O maître, il ne faut plus jouer avec les pleurs.
Contre ces jeux le ciel est peut-être en colère.
Mais, qu'ai-je dit ? J'ai tort et je vais vous déplaire.

SCÈNE I.

Les conseils de l'esclave offensent, je le vois.
Hélas! que suis-je ici pour élever la voix?
Ombre d'une ombre, enfant aux loups abandonnée!

LUCIUS.

D'un vieux sang plébéien tu pourrais être née;
Le même sein nous a nourris du même lait.
Aux lares tu dressais l'autel de serpolet;
Ils te favorisaient; et te voyant si grave,
Pour la vierge souvent, ils oubliaient l'esclave.

STELLA.

Je m'en souvins toujours. O famille! ô maison!
O vieille mère assise au foyer!... trahison!
Où sont vos jeunes sœurs et votre fiancée,
Veuve, hélas! Lucius, avant d'être épousée?
J'avais brodé le voile, et déjà les flambeaux
Dans mes mains s'allumaient: c'était sur des tombeaux!

LUCIUS.

Les mains pleines de noix, dans la même journée,
Tu devais nous chanter: Hymen! ô Hymenée!

SCROPHAS à Stella.

Oui, les Dieux t'ont laissé les vertus de l'enfant;
Tu tiens la foi jurée au patron triomphant.

Dans ton cœur transparent nulle ombre ne se cache.
Dis-moi donc avant tout ce qu'il faut que je sache :
Ce chemin, où va-t-il ? Quelle est cette cité ?

STELLA.

Rhégium est son nom ; et, de l'autre côté,
Si j'en crois la rumeur, c'est la blanche Messine.

SCROPHAS.

Ainsi, ce bras de mer, où l'isthme se dessine ?

STELLA.

C'est l'endroit où Charybde a dévoré Scylla.

SCROPHAS.

Enfant, c'est bien ; j'ai vu. Nos corsaires sont là.
Mais ce camp ombragé sous ces figuiers sauvages ?

STELLA.

C'est le camp de Crassus qui ferme les rivages.

SCROPHAS à Lucius.

Ses deux ailes d'airain s'étendent aux deux mers.
Grande idée ! Elle peut corriger les revers.
(A Stella.)
Que dit-on de Crassus ?

STELLA.

Que pour l'effroi du lâche,
Lui-même a décimé ses soldats par la hache.

SCÈNE I.

SCROPHAS.

De Rome?

STELLA.

Qu'éperdue, elle donne à Crassus
Ses deux derniers Romains, Pompée et Lucullus.

SCROPHAS.

Que vois-je? une forêt marcher comme une armée?

STELLA.

Ce sont des légions couvertes de ramée.

SCROPHAS.

Où vont-elles?

STELLA.

Au pied de ce mur commencé,
Consumer la nuit sombre à creuser un fossé.

SCROPHAS.

Est-il déjà profond?

STELLA.

Du côté de l'aurore
On dit que les chevreaux le traversent encore.

SCROPHAS.

De l'une à l'autre mer, Crassus veut les murer.
Projet digne d'un Dieu qui put seul l'inspirer !

(à Lucius.)

As-tu compris, mon fils? C'est là qu'est l'embuscade;
Ici, reconnais bien le lieu de l'escalade.
Rome a donc retrouvé son vieil instinct guerrier!
Comme on prend un renard au fond de son terrier,
Ils sont pris dans le gîte au fond de l'Italie.
Le bon droit se relève et la fortune plie.

(A Stella.)

Esclave, maintenant, regarde ton Seigneur;
Et pèse, comme il faut, chaque mot dans ton cœur.
Ce soir tu veilleras dans ces îlots de sables,
Où les corsaires grecs ont amarré leurs câbles.
Sitôt que tu verras tous les chemins déserts,
Tu monteras vers nous; tu limeras nos fers.

STELLA.

Oui, Seigneur.

SCROPHAS.

Tu m'entends? Et tu feras en sorte
Qu'un guide soit ici, qui nous ouvre la porte...

STELLA.

Oui, Seigneur.

SCROPHAS.

Qu'avant nous il tente les sentiers;
Heureux si nous trouvons nos pénates entiers!

SCÈNE II.

LUCIUS, à Stella.

Plutôt que l'on t'arrache un seul mot, un murmure,
Tu sauras endurer jusqu'au bout la torture.

STELLA.

Je le saurai.

SCROPHAS.

S'il faut mourir ?

LUCIUS.

Suprême honneur !

SCROPHAS.

Pour sauver ton patron, tu mourras ?

STELLA.

Oui, Seigneur.
(Elle sort.)

SCÈNE II.

SCROPHAS, LUCIUS, SPARTACUS.

SPARTACUS.

Pour un moment, tribun, je dépose ma haine ;
Toi, dépose à ton tour l'insolence romaine ;

Et fondons, entre nous, sur ce roc tarpéien,
Moi le bien de l'esclave et toi du plébéien.
La liberté de l'un vaut la chaîne de l'autre.
Sous un nom différent, votre sort est le nôtre.
Débiteurs éternels aux pieds du créancier,
La faim vous tient liés par sa chaîne d'acier,
Si bien que votre chair, d'avance mise en gage,
Appartient à celui qui veut qu'on la partage.
Est-ce assez d'infamie, ô fils de Romulus?
Vous nous faites pitié ; que voulez-vous de plus?
Vous n'avez du Romain que le nom sans la chose.
Entre nous mêmes vœux, même instinct, même cause ;
Comme nous, vil bétail, parqué dans les cités,
Vous connaissez la loi par ses iniquités.
Si nos maux sont pareils entre nous et la plèbe,
Si nous sommes liés tous à la même glèbe,
Pourquoi nous déchirer, stupides instruments ?
Unissons pour un jour nos longs ressentiments,
Opprobres plébéiens, serviles flétrissures,
Cris de l'âme et du sang jailli de nos blessures.
De deux métaux formons un plus noble métal.
Comme un homme qui prend un couteau sur l'étal,

Pour immoler un bœuf à ses Dieux tutélaires,
Soulevons, aiguisons ensemble nos colères;
Et, la vieille cité croulant de toutes parts,
L'injustice verra s'abîmer ses remparts.
Me comprends-tu? Vainqueur, je t'offre l'alliance;
Mais pour mieux entre nous, marquer l'intelligence,
Formons une famille; ayons même foyer,
Même pain, même coupe et même bouclier;
Signe que la victoire entre nous est commune.
Ce n'est pas tout encor; la mauvaise fortune
Dans le cœur des petits fait germer le soupçon;
A l'injustice on paie une injuste rançon.
Ils ne croiront jamais l'alliance sincère,
Ni que devant la hache un Romain est leur frère,
Si nous ne mêlons pas, esclaves-citoyens,
Le sang qu'on dit servile au sang des plébéiens.
Nous le pouvons, tribun. Des noces solennelles
Marîront, sous le dard, nos deux races jumelles,
Si nous voulons unir à l'enfant que voilà,
A ton fils Lucius ma fille, à moi, Stella.
Je l'appelle ma fille, et lui tiens lieu de père;
Assise à mon foyer, tout me rit, tout prospère.

Minerve l'instruisant elle-même au berceau,
A rouler dans ses doigts l'aiguille et le fuseau,
Avant tout lui donna la sagesse ingénue,
Et sur son front versa son âme toute nue.
Les Dieux qui l'ont bercée à travers les barreaux
L'ont conservée enfant pour le cœur des héros.
Même quand les soucis amènent le délire,
Elle sait les soumettre au pouvoir de la lyre.
Telle les Dieux l'ont faite; et pourtant je veux bien
Qu'elle soit entre nous le virginal lien
Qui, pour mieux étouffer les divorces immondes,
Nous unissant tous deux, unisse aussi deux mondes.

SCROPHAS.

Qu'en dis-tu, Lucius? Parle, il s'agit de toi!
Je t'ordonne, mon fils, de répondre pour moi.

LUCIUS.

Épouser une esclave! ô père! quelle injure!
Non! ce n'est pas de moi qu'il s'agit, je vous jure.
Une esclave, dit-il! A ce mot, nos aïeux,
Tels que dans l'atrium je les vis de mes yeux,
Sur leur blanc piédestal, secouant leur paupière,
S'apprêtent à maudire avec leurs mains de pierre.

Comment fuir leur courroux? Suis-je assez descendu?
Stella, c'est la beauté; Stella, c'est la vertu,
C'est Minerve filant sous les traits d'une femme.
Je le sais. Mais que sert la vertu chez l'infâme?
Non! c'est assez d'honneur pour ces divinités,
Que d'abaisser un jour les yeux sur leurs beautés.
Plutôt mourir cent fois, captif sur ce rivage,
Qu'en épousant l'esclave, épouser l'esclavage.

SCROPHAS.

Nos aïeux attendaient ce mot en frémissant,
Mon fils; et moi j'aurais redemandé ton sang,
De cette même main qui va presser la tienne.....
Mais non. Tu gardes bien leur gloire avec la mienne.

SPARTACUS.

O sagesse romaine! ô sainte adversité!
Est-ce là le grand cœur qui bat dans la cité?
Vous vous calomniez, hommes, amis ou frères
(Prenez le nom qui plaît aux tribuns populaires).
Vos mères ne sont pas les louves des forêts
Qu'un centaure aux longs crins fait hurler sous ses traits.
Une femme vous a nourris de sa mamelle;
Elle enseigna vos yeux à sourire comme elle.

Vous avez comme nous un cœur dans votre sein,
Qui bondit au-devant d'un généreux dessein.
Vous êtes hommes. C'est ma faute et je me blâme,
Si je n'ai su trouver le chemin de votre âme.
Pour la première fois, je regrette votre art,
Romains ; prêtez-le moi. J'ignore trop le fard,
Et crois avoir tout dit, lorsque j'ai dit la chose.
Examinez-la donc, comme je la propose,
Simplement, en foulant aux pieds la vanité,
Pour ne considérer ici que l'équité.
Il s'agit d'allier le fer brut à la lave
A l'Esclave la Plèbe, à la Plèbe l'Esclave,
D'affranchir tous les deux, par un effort commun,
Grand but, si je m'en crois, et digne d'un tribun.

SCROPHAS.

O Jupiter Stator ! Qu'oses-tu bien me dire ?
Ce n'est donc pas assez de renverser l'empire !
Il faut du genre humain anéantir les lois ;
Tu veux que le chaos succède à tes exploits.
Il est des mots sanglants qui creusent un abîme.
Pourtant, écoute-moi, si ce n'est pas un crime
De regarder ainsi dans le fond du volcan.

SCÈNE II.

On n'a pas mis encor Rome entière à l'encan.
Si vers toi je faisais, un seul pas dans ton gouffre,
Si j'attachais un droit à tout être qui souffre
Sans demander son nom, sa caste, sa cité;
Ce même prolétaire ivre d'égalité,
Qui m'a fait son tribun, pour appauvrir le riche ;
Ce maigre laboureur dont la terre est en friche ;
Ce débiteur meurtri, tout couvert de haillons ;
Restes de Marius, ces pâles bataillons,
Par la faim recrutés au fond des centuries,
Qui du patricien lassent les barbaries ;
Si j'allais après toi, couvert d'un nom fameux,
Leur dire que l'Esclave est un homme comme eux,
Sais-tu bien, Spartacus, quel serait mon salaire?
N'as-tu donc jamais vu de grand peuple en colère ?
Eh bien ! il faut le dire une fois pour toujours :
Ces hommes demi-nus, nourris de mes discours,
Vétérans qu'a vomis la guerre sociale,
Tout à coup s'indignant d'un nom qui les ravale,
De leur bouche sanglante arracheraient le pain,
Et pour sauver l'honneur, oublîraient qu'ils ont faim.
On les verrait d'abord assiégeant les comices,

Étaler leur noblesse avec leurs cicatrices ;
Puis aux champs, les bouviers, parmi les demi-dieux,
Iraient à la charrue évoquer leurs aïeux.
En vain, je montrerais, au fond, les lois agraires ;
Ils ne verraient partout qu'esclaves belluaires
Sous la peau du renard envahissant l'État.
Que dis-je ? pour venger ce public attentat,
Le peuple dans l'oubli met ses propres injures ;
Du sénat et des grands il lèche les morsures ;
Et pleurant son divorce avec ses oppresseurs,
L'agneau bêlant s'enfuit chez les loups ravisseurs.
Va ! Je connais le peuple, et sais ce qu'il peut faire.
Un noble vit caché, sous chaque prolétaire.
Les Gracques, Saturnin, Drusus, n'ont enseigné
Qu'un tribun est perdu quand l'orgueil a saigné.
Est-ce ainsi, diraient-ils, que Scrophas nous adore ?
L'avons-nous donc nommé pour qu'il nous déshonore ?
Puis, ma tête coupée, illustrant mes revers,
Irait balbutier ma réponse aux enfers.

SPARTACUS.

Notre amitié peut tout.

SCÈNE II.

SCROPHAS.
Ah ! je crains moins ta haine.

SPARTACUS.
Mais en nous unissant, la victoire est certaine.

SCROPHAS.
J'aime mieux la défaite.

SPARTACUS.
Esclave, et plébéien,
En quoi diffèrent-ils ?

SCROPHAS.
L'un est tout, l'autre rien.

SPARTACUS.
La parque vous a fait des maux pareils aux nôtres.

SCROPHAS.
Légitimes chez vous, injustes chez les autres.

SPARTACUS.
On vous a vu pleurer.

SCROPHAS.
On nous a vu mourir ;
Mais les Dieux vous ont fait seulement pour souffrir ;
Ils nous ont épargné les serviles alarmes.

SPARTACUS.

Pourquoi donc ont-ils mis dans vos yeux tant de larmes?

SCROPHAS.

Ce sont des pleurs de sang qui ruissellent des cieux.

SPARTACUS.

Que les cieux pleurent moins et qu'ils vous aident mieux !
Oui, tu fus allaité par la louve du Tibre ;
Cependant comme nous, je puis te faire libre.
Songes-y.

SCROPHAS.

Comme vous ! Trop de fois acheté,
Tu peux donner la mort, mais non la liberté.

(Scrophas et Lucius sortent.)

SCÈNE III.

SPARTACUS, GÉTA, PALLAS, COTYS, GALLUS, PARMÉNON ; CHOEUR D'ESCLAVES.

SPARTACUS.

Cœurs durs ! peuples vieillis dont l'orgueil fait la force !
Le figuier ruminal n'a plus rien que l'écorce.

SCÈNE III.

(Aux esclaves.)

Amis, vous n'êtes pas comme sont ces Romains,
Décrépits en naissant, usuriers, publicains.
Vous avez avant tout faim et soif de justice,
Et vous frappez la terre afin qu'il en jaillisse
Un nouveau droit pour tous qui croisse par degrés.
Vous traînez après vous l'ombre des monts sacrés.
Un sang jeune, immortel, circulant dans vos veines
Rajeunit l'univers. De vos âmes trop pleines
Débordent les pensers qui dormaient avant vous.
O délices ! cet air que j'aspire est à nous !
Ce brin d'herbe est à moi, pendant que je le foule ;
Il est à nous le flot qui gronde et qui s'écoule.
Je partage les cieux avec toi, Jupiter,
Sans qu'un maître insolent vienne me disputer
Mon lambeau de soleil dans ta robe azurée !
Sans doute c'est beaucoup pour une âme enivrée,
Que deux consuls détruits aussitôt qu'aperçus ;
Gellius et Caton renversés sur Crassus ;
Au Vésuve, à Modène, en Pouille, en Lucanie,
Les champs partout comblés de leur ignominie ;

Nos bouviers attelant au joug le peuple-roi ;
Plébéiens, sénateurs confondus par l'effroi,
Quand, le fils de l'esclave enchaînant leur armée,
J'ai fait par leurs licteurs fouetter leur renommée.
Beau triomphe ! il est vain si nous n'achevons pas.
L'Italie est à nous. Traversons-la d'un pas ;
Et dans Rome en courant, décapitons l'empire ;
Mais craignons-le toujours, tant qu'un Romain respire.
Par-dessus l'Alpe même allons tendre la main
Au Gaulois chevelu qui dort près du Germain ;
Grands peuples vagissants dans leurs berceaux de glaces,
Il ne faudra qu'un cri pour éveiller ces races.
Sur leurs fronts engourdis, nous suspendrons nos fers,
Qui gémiront, la nuit, au souffle des hivers.
Nous dirons : Levez-vous ! Descendez avalanches !
Peuples vierges encor, tels que les neiges blanches !
Ils descendront. Dès lors plus de verges, de fouets,
Et plus d'hommes servant aux hommes de jouets ;
Car nul ne craindra plus que retrouvant son glaive,
Rome sur son séant un jour ne se relève.
De la postérité je vous vois adorés ;
Ce sont là mes projets, vous les accomplirez.

SCÈNE III.

PALLAS.

Chez la postérité, Spartacus nous convie ;
Et foulant sous ses pieds les biens de cette vie,
Ce soir il nous invite à souper chez Pluton ;
Voilà son grand projet ; eh bien, le suivra-t-on ?

COTYS.

Évitons avant tout la discorde au teint blême ;
Nos ennemis sont près, et cette heure est suprême ;
En nos propres pensers, sans trop nous confier,
Il faut au bien commun beaucoup sacrifier.

PALLAS.

C'est juste ! Un mot pourtant. Assis dans le prétoire,
Spartacus veut-il seul user de la victoire ?
Qu'il réponde à ce mot, et je suis satisfait.

GALLUS.

Il a raison. Nos mains sont vides en effet ;
Oui, réponds, Spartacus.

COTYS.

    Garde-toi de répondre.

PALLAS.

Je ne veux rien qu'un mot qui serve à me confondre.
Qu'il nous dise pourquoi, reculant l'avenir,
L'âge d'or tant promis est si lent à venir ?

Pourquoi, nouveau Tantale, errant au bord du fleuve,
Je ne trouve que cendre où lui-même s'abreuve?
Nos maux n'ont pas changé. Que veut-il? qu'attend-il,
Pour arracher l'esclave à l'éternel exil?
Prétend-il corriger enfin nos destinées?

SPARTACUS.

Un jour ne change pas l'ouvrage des années.

PALLAS.

Vous l'avez entendu.

SPARTACUS.

Vous l'entendrez encor.
Quand suffit-il d'un jour pour faire un siècle d'or?

GÉTA.

Un jour! nous ne pouvons attendre davantage.
Le vieux monde n'est plus. Ouvre-nous l'héritage.

SPARTACUS.

Quand vit-on la moisson mûrir en un moment?
Frères! le laboureur, en semant son froment,
Dans la nuit du sillon, diligent, le renferme;
Loin de déraciner le grain pour voir s'il germe,
Il se fie au printemps qui marche sur ses pas.
Laissez le droit germer, pour qu'il n'avorte pas.

SCÈNE III.

GÉTA.

Un droit! Qu'est-ce qu'un droit? Il parle comme un maître,
Et ce sont là des mots que je ne puis connaître.
Nous avons trop souffert, trop compté les instants,
Pour vouloir sur le seuil attendre plus longtemps.
Par delà nos souhaits, jardin des Hespérides,
Palais de la sirène au fond des Atlantides,
Calices enivrés d'ambroisie et de nard,
Il faut tout aujourd'hui ; demain serait trop tard.

SPARTACUS.

Le temps qui détruit tout, crée aussi toutes choses.
N'est-ce donc rien déjà que ces métamorphoses
De troupeaux garrotés devenus souverains ;
Nos chaînes se forgeant en glaives dans nos mains ;
Tant d'esprits aveuglés revoyant la lumière ;
Le ver émancipé du joug de la poussière,
Monarque parvenu qui ne veut pas souffrir
Que son règne immortel tarde un jour à s'ouvrir?
Ingrats ! N'est-ce rien ?

LE CHOEUR DES ESCLAVES.
Non !

GÉTA.

Tu ne peux nous convaincre.

SPARTACUS.

Donnez-moi donc trois jours pour achever de vaincre.

LE CHOEUR.

Non.

SPARTACUS.

Donnez-m'en deux.

LE CHOEUR.

Non.

GÉTA.

Pas un seul. Ah! tu veux
Jusqu'au bout nous payer de promesses, de vœux!
En vain, tu contrefais l'ancien patron. N'importe!
Nous t'avons fait le chef pour nous ouvrir la porte
Des songes bienheureux. Allons! Que tardes-tu?
Qu'attends-tu donc de nous?

SPARTACUS.

Un moment de vertu.

PALLAS.

Mot des patriciens, tout rongé par la rouille,
Qu'ils jettent en avant dès que leur jeu se brouille!

SCÈNE III.

LE CHOEUR.

N'accorde rien, Pallas! Il voudrait te gagner.

PALLAS.

Nous avons faim et soif, et nous voulons régner,
Sans faire à l'avenir crédit d'une seule heure.

SPARTACUS.

Obéissez ce soir, et que demain je meure!

PALLAS.

Pour croire au lendemain, il nous faut le tenir ;
L'instant où nous parlons est pour nous l'avenir.
De nos sueurs de sang nous voulons le salaire,
Divine toison d'or, vision populaire,
Qui s'est montrée à nous dans nos rêves ardents,
Quand la famine en deuil nous mordait de ses dents.

LE CHOEUR.

C'est cela! Le salaire ou bien la sépulture,
Afin qu'à nos petits nous donnions la pâture.

GÉTA.

Demandez le salaire avec le donatif.
Il voudrait vous traiter comme on traite un captif.
Voyez; il feint déjà de ne pas vous entendre.

LE CHOEUR.

Que veux-tu? Spartacus est riche! il peut attendre.

SPARTACUS.

Je suis riche en effet des biens que je n'ai pas.
J'interdis l'or, l'argent, la pourpre. Mettez bas
Ces colliers de rubis où s'enchaînent vos âmes.
Quittez ces bracelets et les rendez aux femmes;
Plus de bagues, d'anneaux, si ce n'est aux vaincus;
Il ne faut que du fer autour de Spartacus.

GALLUS.

Qu'en penses-tu, Cotys, toi qui le déifie?

COTYS.

C'en est trop à la fin; vraiment il nous défie.

GALLUS.

Est-il donc plus que nous pour régner en effet?

GÉTA.

Refusons d'obéir; c'est nous qui l'avons fait.
Qu'à sa place aujourd'hui, chacun de nous commande.

LE CHOEUR.

Non! Plus de chefs. Voilà le bien que je demande.

SCÈNE III.

SPARTACUS.

N'attendez pas ici, tant votre règne est neuf,
Que Crassus, en marchant, vous écrase dans l'œuf.

GÉTA.

Nos boucliers d'osier, couverts de peaux de bêtes,
Supporteraient les cieux, s'ils croulaient sur nos têtes.

GALLUS.

Bah! Spartacus a peur; voilà tout le secret;
Il craint un mur qui marche!

PALLAS.

      Il suit son intérêt:
Il veut jouir des biens conquis sur nos misères.
Soigneux de nous détruire, orgueilleux mercenaires,
Voilà quels ils sont tous ces riches parvenus.
Que nous fait après tout Spartacus ou Crassus?
Querelles de patrons qui s'entendent pour vendre
Le troupeau des clients qu'ils ont l'air de défendre!

GÉTA.

Moi, j'aime mieux Crassus.

PALLAS.

    Eh! sans doute il le vaut.

GÉTA.

C'est du moins un grand homme!

PALLAS.

Un maître comme il faut.

GÉTA.

Qui n'est pas échappé du fond d'un ergastule;

PALLAS.

Qui n'a volé personne en pillant son pécule.

GÉTA.

Et c'est honte vraiment que de ployer le cou...

PALLAS.

Sous un Ilote impur, sorti je ne sais d'où.

PREMIÈRE PARTIE DU CHOEUR.

Vivent Géta! Pallas! Aux crocs le belluaire!

SECONDE PARTIE DU CHOEUR.

Spartacus aux lions! en croix! au Spoliaire!

(Les esclaves tirent leurs épées et entourent Spartacus en le menaçant.)

LE CHOEUR.

Vois-tu ces glaives nus? Ils ont soif de ton sang.

SPARTACUS, il s'avance sur les glaives. A mesure qu'il marche, les esclaves reculent.

Je vous les ai donnés; percez-m'en donc le flanc.

Oui, puisque Spartacus ainsi vous importune,
Tuez-le; je veux bien; mais prenez sa fortune.
Vous cherchez ses trésors? Regardez; ils sont là,
Dans ce cœur, dans ce sein, dans ce front que voilà.
Comment! Vous n'osez pas? Laissez les craintes vaines.
Courage! allons, frappez; venez, fouillez ces veines.
Ici vous trouverez ce qui vous manque ailleurs,
L'espérance, et peut-être aussi des Dieux meilleurs.

(Les esclaves ont reculé jusqu'au seuil.)

UN ESCLAVE.

Comme il sait bien mourir!

GALLUS.

Oui! c'est un brave, en somme.

COTYS.

Ah! malédiction que de tuer cet homme!

UN ESCLAVE.

Avez-vous vu quel feu de sa bouche est sorti?

COTYS.

Marque d'un demi-dieu qui jamais n'a menti.

GALLUS.

Autour de lui j'ai vu, légions immortelles,
Ses victoires d'airain le couvrir de leurs ailes.

COTYS au chœur.

Afin qu'il nous pardonne, approchons-nous de lui ;
Qu'allions-nous faire, ô Ciel, si ce rayon n'eût lui ?

LE CHOEUR tombe aux pieds de Spartacus.

Pardonne : vois nos pleurs. Nous couvrirons de cendre
Nos habits. Daigne encor jusqu'à nous redescendre.
Vois : nous te supplions par tes sacrés genoux ;
Accepte nos remords, ô Dieu !

SPARTACUS.

Retirez-vous.
(Tous sortent excepté Spartacus et Parménon.)

SCÈNE IV.

SPARTACUS, PARMÉNON.

SPARTACUS.

Toi demeure, affranchi : c'est sur toi que je compte.
Mélange monstrueux de grandeur et de honte,
Tu me comprendras mieux, sans doute que Scrophas.
Chez toi notre sang crie ; oui, ne t'en cache pas.
L'affranchi, c'est Janus, ayant double visage,
L'un pour la liberté, l'autre pour l'esclavage

SCÈNE IV.

Armés du double front, vous pouvez, sans combats,
D'en haut tendre la main à ceux qui sont en bas ;
Et de l'abîme sourd où la masse fourmille,
Après vous arracher votre immense famille.

PARMÉNON.

Que dis-tu ? Des ingrats qui méritent leur sort !
Un ramas de brigands affamés de ta mort,
Qui dans la liberté voient la fainéantise,
Et que pour la sportule un Géta fanatise !
Bientôt, tu vas nier qu'ici, lâches pillards,
On les a vus tourner contre toi leurs poignards.

SPARTACUS.

Ils pleurent sur le crime avant de le commettre ;
Leurs vertus viennent d'eux, leurs vices de leur maître.

PARMÉNON.

Eh bien ! ils te perdront. C'est un malheur, crois-moi,
Quand s'égare chez eux un homme tel que toi ;
Le ciel t'avait-il fait pour ces grossiers génies ?
Veux-tu donc jusqu'au bout, les suivre aux gémonies ?
Dans quel but ? à quoi bon ? pour la gloire ?... ah ! j'entends.
Le sacrifice est beau quand il vient en son temps :
Celui des Curtius n'est plus du tout le nôtre,

Et c'est d'un faible esprit que d'imiter un autre.
La vertu surannée est un vice, à son tour.
Que les Parques bien mieux auraient filé ce jour,
Si tu n'avais brouillé toi-même leur ouvrage!
Le progrès s'amassait dans l'urne du suffrage.
Client d'un bon patron, de sa moëlle enrichi,
Déjà je te voyais au banc de l'affranchi,
Presque libre, sourire, attendant qu'on te craigne.
Notre classe, après tout, est la classe qui règne.

SPARTACUS.

As-tu donc oublié d'où tu sors ?

PARMÉNON.

Je le sais.

SPARTACUS.

L'esclave est ton parent.

PARMÉNON.

C'est pourquoi je le hais.

SPARTACUS.

Tes entrailles, ton sang, ton ombre, ton image !

PARMÉNON.

Je te l'ai déjà dit, je l'en hais davantage ;

SCÈNE IV.

Il se souvient trop bien que je naquis chez vous.

SPARTACUS.

Cependant ton vieux père!... il servit comme nous.

PARMÉNON.

Mon père fait ma honte, à moi; je le renie;
Pourquoi m'a-t-il légué ce faix d'ignominie?

SPARTACUS.

Mais son nom, c'est le tien.

PARMÉNON.

Le patron m'a prêté
Un nom couvert d'encens et d'immortalité.

SPARTACUS.

Rougir de son père!... Ah! tu m'ouvres des abîmes.

PARMÉNON.

Un grand homme à ses pieds met ses douleurs intimes :
Laissons dans leurs tombeaux nos aïeux asservis..
Mais je vois la prêtresse; elle amène ton fils.

(Parménon sort.)

SCÈNE V.

SPARTACUS, CINTHIE, LEUR ENFANT.

CINTHIE.

Que veulent-ils? On dit qu'ils demandent ta vie;
Où sont-ils? Me voici de notre enfant suivie.
Qu'ils nous frappent tous trois, si notre premier-né
Ne charme, avec ses pleurs, le lion déchaîné.

SPARTACUS.

Femme, rassure-toi; légers comme l'arène,
Un souffle les abat, un souffle les entraîne.
(Il prend la main de Cinthie et celle de l'enfant.)
Famille de l'esclave! abri! recueillement!
Dieux Lares, faites-moi jouir de ce moment.
O femme, loin du monde où l'avenir se voile,
Quand verrai-je tes mains, en paix tisser la toile,
Aux pieds du sombre Hémus, dans ma maison de bois,
Visité seulement du vieux cerf aux abois?

CINTHIE.

Alors il sera beau, près d'un feu de broussailles,
De t'entendre conter à l'enfant tes batailles.

SCÈNE V.

SPARTACUS à l'enfant en le prenant entre ses bras.

Oui, douce créature, approche, souris-moi.
La liberté se cache; enfant, elle est chez toi,
Tout entière en tes mains, retirée en ta garde.
Où la vais-je chercher, lorsque je te regarde?
Je la vois, dans tes yeux, qui rit à l'univers.
Ces bras n'ont pas connu les outrages des fers :
Point de marque à ces pieds; à ce front nulle empreinte,
Hors le signe divin où l'innocence est peinte.

(Il le soulève dans ses bras.)

O douce haleine! viens; dans ton âme en sa fleur
Respirent les parfums d'un monde sans douleur.

CINTHIE à l'enfant.

Garde en ton cœur, mon fils, chaque mot de ton père,
Comme s'il te parlait à son heure dernière.

SPARTACUS à l'enfant.

Seras-tu fier un jour d'avoir mon bouclier?
Vois, enfant, comme il pèse.

L'ENFANT essayant de porter le bouclier.

Ah! quand donc, sans plier,
Pourrai-je le porter?

SPARTACUS.

Essaie aussi mon glaive.

L'ENFANT.

Mère, regardez-moi ; déjà je le soulève.

SPARTACUS.

Quand ma vieillesse aura fait place à ton printemps,
Que l'univers dira quel je fus en mon temps,
Mes veilles, mes travaux, où ton berceau remonte,
Es-tu bien sûr, enfant, de n'avoir pas de honte?

L'ENFANT.

Quoi!

SPARTACUS.

De ne pas rougir en m'entendant nommer?

L'ENFANT.

Père!

SPARTACUS.

En me reniant tu peux me diffamer.
Ils te raconteront, les lâches, moi, que sais-je?
Que ton père, autrefois, ne fut qu'un sacrilége ;
Un brigand que dans l'ombre un licteur a frappé ;
Quelque loup ravisseur de sa cage échappé;

SCÈNE V.

Un fugitif : vois-tu? dans ce mot c'est tout dire.
Que feras-tu, mon fils? Voudras-tu me maudire?
Montre-moi ta réponse en tes yeux transparents.

L'ENFANT.

Qui donc a pu jamais maudire ses parents?
Le petit du lion marche après la lionne;
L'agneau suit la brebis que le pâtre aiguillonne,
Et le faon suit la biche au sommet du rocher.
Où marchent leurs parents, ils passent sans broncher.
A mon tour, je ferai comme font tous les autres;
Je poserai mon pied où je verrai les vôtres.

SPARTACUS.

Bien! Ta mère, ô mon fils, t'a nourri de son lait :
Par ta bouche d'enfant la prêtresse parlait.
Que tes jours soient nombreux comme au ciel les étoiles!
Puisse un faune, un berger, t'enveloppant de voiles,
T'emporter dans son antre au-dessus des combats,
Loin des chiens altérés qui marchent sur nos pas!..
(Après un silence.)
Mais quoi! quelle pensée empoisonne ma joie?...
Toi!... que des chiens plutôt tu deviennes la proie!
Grands Dieux! suis-je son père ou bien son assassin?

CINTHIE.

Quelle douleur nouvelle est entrée en ton sein?

SPARTACUS.

Ne m'interroge pas.

CINTHIE.

Que ton silence effraie !

SPARTACUS.

Garde-toi d'arracher la flèche de ma plaie.

CINTHIE.

Dis ta pensée, ô Roi !

SPARTACUS.

Je ne puis.

CINTHIE.

Je la sais.

Tu vois ton fils captif.

SPARTACUS.

L'ai-je-dit ?

CINTHIE.

Oui.

SPARTACUS.

Jamais.

SCÈNE V.

CINTHIE.

Tes yeux parlent : les mots n'ont plus rien à m'apprendre ;
Tu vois ton fils esclave et vendu sur ta cendre.
Ai-je bien deviné ?

SPARTACUS.

        Femme, puisque tu lis
Les secrets infernaux dans l'ombre ensevelis,
C'est vrai ; je dirai tout. Oui, cette peur me glace,
La sueur des mourants se répand sur ma face,
Quand je songe que lui !... Dieux ! s'il devait, un jour,
Ce que j'ai supporté l'endurer à son tour ;
S'il devait amuser après nous les arènes ;
Si ses fragiles mains devaient porter mes chaînes ;
Si d'avance flétri...

CINTHIE.

        Cela ne sera pas.

SPARTACUS.

Ainsi, son père mort ?..

CINTHIE.

        L'enfant suivra nos pas.

SPARTACUS.

Tu sauras l'affranchir ?

CINTHIE.

Aussi bien que moi-même.

SPARTACUS.

Des affronts de la croix?

CINTHIE.

Du servile anathème.

SPARTACUS.

Jure-le.

CINTHIE.

Je l'ai fait.

SPARTACUS.

Redis par quels serments.

CINTHIE.

Par la Nuit, par la Terre, et par nos ossements!

SPARTACUS.

Plutôt qu'il soit esclave et vive de bassesses
Emportez-le, grands Dieux!

CINTHIE.

Et vous, bonnes Déesses.

SPARTACUS.

Vous, démons souterrains.

SCÈNE VI.

CINTHIE.

Et toi, pâle Erinnys.

L'ENFANT.

Où me conduiront-ils?

CINTHIE.

Où nous serons, mon fils.

(Cinthie et l'enfant sortent.)

SCÈNE VI.

SPARTACUS seul.

Où vas-tu, Spartacus? Crois-tu seul être sage?
L'esclave a réparé lui-même l'esclavage.
Rivaux d'ignominie, ardents à se tromper,
Quand les petits aux grands s'unissent pour ramper,
Que les hommes nouveaux singeant la vieille race
Se disputent le joug pour le changer de place,
Veux-tu donc affranchir l'univers malgré lui?
Qui t'a commis ce soin? Qui t'en prie aujourd'hui?
—Moi-même.—Et de quel droit?—Du droit d'une grande
[âme.
— Et s'il aime à dormir sur le chevet infâme;

S'il affiche l'opprobre au lieu de s'en cacher,
Qui t'a fait si hardi que de l'en arracher?
Ne peut-il, à son gré, vouloir qu'on l'emprisonne?
La liberté te plaît? Mais qui la veut? Personne.
Sous son large étendard tu crois tout rallier?
Le démagogue a peur de se mésallier.
Ton triomphe, grand homme, est-il une ironie?
Écoute! après ton char, quel chant d'ignominie,
S'élève en ricanant par-dessus les clairons?
Après les serviteurs, que disent les patrons?
Toujours le même mot retentit : servitude!
L'écho te le renvoie ici par habitude.
Esclave! c'est le cri des Cieux et des Enfers;
Esclave! c'est le mot qui créa l'Univers.
Il part en gémissant du sein de chaque chose,
Sitôt que sur la terre un pied d'homme se pose :
Partout l'esclave traîne un esclave après soi,
Chaîne immense, attachée aux pieds du peuple-roi.

(Après un silence.)

Mais non!.... Vers l'inconnu, marchons tête baissée,
Laissant au front des Dieux l'importune pensée.

(Au moment de sortir, il s'arrête sur le seuil.)

SCÈNE VII.

Quel présage! à mes pieds deux hommes endormis!
Ils rêvent. Écoutons ce que les cieux ont mis
Dans leurs bouches. Souvent par ses portes d'ébène,
Le sommeil fait passer la vérité sereine.
Voyons; que disent-ils? Où tendent leurs esprits?

UN ESCLAVE couché sur le seuil et endormi.

Des esclaves!

UN AUTRE ESCLAVE endormi.

Mes fers!... Le maître m'a repris...
Pitié! Maître!... Pardonne... arrête la torture...
Ah!... tu fouettes un mort. Donne la sépulture...
Bourreau, tu m'as tué... Maître, tiens prends mes jours...
Quoi!... déjà chez Pluton?... Esclave encor?... Toujours.

(Spartacus sort.)

SCÈNE VII.

LE CHŒUR DES ESCLAVES.

O sommeil, vrai Dieu de l'esclave,
Oubli des jours et des travaux!
Maudit soit celui qui te brave,
Et sur ton front serein et grave
Flétrit la touffe de pavots!

LES ESCLAVES.

Seul, tu n'attends pas la prière,
Dieu complaisant pour les mortels.
En souriant, sur leur paupière,
Tu viens poser ton doigt de pierre,
Avant qu'ils t'aient fait des autels.

Sur ton lit de myrte ou de cendre,
Où dort l'aveugle Éternité,
Oublier tout, ne rien attendre,
Sans penser, sans voir, sans entendre,
N'est-ce pas la félicité ?

En revoyant le crépuscule,
Nous retrouvons le souvenir,
Maîtres ingrats, travaux d'Hercule,
Jours dévorés dans l'ergastule ;
Dieu bon, assoupis l'avenir.

Écarte d'ici jusqu'aux songes
Dont l'aile bat autour de moi ;
Et loin de l'ombre où tu nous plonges,
Enchaîne l'essaim des mensonges.
Sommeil, nous n'adorons que toi !

SCÈNE VII.

Reviens, mais sans la troupe noire
Des fantômes fils de la Nuit
Qui ressuscitent la mémoire.
En ouvrant la porte d'ivoire,
Une larve fait trop de bruit.

FIN DU QUATRIÈME ACTE.

ACTE V.

Un promontoire du détroit de Messine.
Une porte du camp de Spartacus. Avant le lever du soleil.

SCÈNE I.

SCROPHAS, LUCIUS, PARMÉNON, STELLA.

STELLA, elle tient une quenouille et un fuseau.
Voici le jour ! fuyez ; le jour est près d'éclore !
La cigale éveillée a salué l'aurore.
Adieu, maîtres, adieu !... Mais rendez-moi ces fers.
(Elle leur ôte leurs chaînes.)
L'œil du jour qui voit tout s'ouvre sur l'univers.
Partez ; et que les Dieux, vous prêtent leur égide !
SCROPHAS.
Puissent-ils t'écouter ! Quel sera notre guide ?

Est-ce toi? car jamais ton grand cœur n'a fléchi ;
Ou bien nous fierons nous à ce vieil affranchi?

PARMÉNON.

Vous pouvez me fier sans crainte votre vie :
Je connais mieux la route et l'ai déjà suivie.
    (A Stella.)
Enfant, pour endormir le soupçon sur nos pas,
Toi, demeure en ôtage et ne t'éloigne pas ;
Mon avis est aussi que pour tromper l'attente,
Tu files ton fuseau debout devant ma tente.

STELLA.

Souviens-toi, Lucius, que Stella va mourir.

LUCIUS.

Tu parles comme ceux qui sont las de souffrir.
Invoque, en nous quittant, Minerve filandière ;
Sa chouette a crié trois fois dans la bruyère.
Belle Parque, à l'ouvrage ! au lieu des jours maudits,
File-nous d'autres jours d'or et de soie ourdis.

STELLA.

Soyez heureux ! Déjà le jour boit la rosée.
Maîtres, souvenez-vous de moi dans l'Élysée,

Si l'on y laisse entrer nos ombres après vous.
Adieu ! j'embrasse encore une fois vos genoux.
(Scrophas, Lucius, Parménon sortent.)

SCÈNE II.

STELLA filant sa quenouille.

Minerve filandière, ô déesse, tu cueilles
Les blancs fils du printemps voltigeant sur les feuilles,
Dans les bois, dans les prés tout parfumés de thym,
Pour tisser sur les monts la robe du matin ;
Toi qui tiens la quenouille au-dessus du nuage,
Sous tes yeux commencé, regarde cet ouvrage.
Fais que ce fil errant qui tombe de mes mains,
Guide les fugitifs à travers les chemins.
Toi qui sais endormir les fuseaux pleins de laine,
Endors aussi mon cœur et retiens mon haleine.
Mets ta paix dans mes yeux, ta force sur mon front :
Déesse, assiste-moi ! Quand les bourreaux viendront,
Dans ma bouche retiens le cri de la torture ;
Ne livre pas mon corps aux oiseaux en pâture.

SCÈNE III.

STELLA, CINTHIE.

CINTHIE.

Bienheureuse Stella, ton cœur est dans la paix ;
Des prémices du jour tu goûtes les bienfaits :
Les fuseaux diligents, emplissant ta corbeille,
Tu célèbres l'aurore, avant qu'elle s'éveille
Parmi les aloës sur son lit virginal.
Tu mêles l'hymne saint au travail matinal.
Mais qu'il me tarde à moi que ce long jour finisse !
Comme un taon qui s'acharne aux flancs de la génisse,
Dans mes songes errante, au milieu de la nuit,
Le noir pressentiment m'assiége, me poursuit.
Où fuir ? où m'arrêter ? L'ardente prophétie
En sursaut dans mon cœur se lève et balbutie.
Que ne puis-je à ta place, achevant ton fuseau,
Enchaîner comme toi mon âme à ce roseau !

STELLA.

L'âme n'est pas toujours enchaînée à l'ouvrage,
Ni le cheval au char, le bœuf au labourage.

SCÈNE III.

CINTHIE.

Saluons donc les Dieux qui ne dorment jamais.

STELLA.

Ils nous voient l'une et l'autre, assis sur les sommets.

CINTHIE.

Par ces rameaux chargés de laine printanière,
Supplions le Soleil d'abréger sa carrière.

STELLA.

Qu'à tous les voyageurs qui vont à l'Orient
Il montre jusqu'au bout un visage riant !

CINTHIE.

Trop lente à cheminer au bord du précipice,
Qu'il prenne sur son char l'immuable Justice !

STELLA.

Aux pâles fugitifs qu'il rouvre leur foyer !

CINTHIE.

Nos vœux sont entendus... Mais pourquoi t'effrayer ?..
O ciel !.. Je vois au loin s'élever la poussière,
Du combat qui la suit sanglante avant-courrière !
Où va ce char ailé qui fuit loin des remparts ?
Quelle épée a brillé sous ces myrtes épars ?

STELLA.

C'est le feu qu'un berger rallume à son haleine.

CINTHIE.

N'entends-tu pas hennir des chevaux dans la plaine?

STELLA.

J'entends mugir les bœufs qu'on mène à l'abreuvoir.

CINTHIE.

Ce n'est pas un troupeau qui mugit. Veux-tu voir?
C'est le camp des Romains assis sur la falaise;
Il s'émeut comme l'eau qui bout dans la fournaise.
Quel essaim bourdonnant autour des étendards!
Sur les noirs boucliers étincellent les dards.
Les voilà! ce sont eux; jetons le cri d'alarmes:
Frères, amis, debout! éveillez-vous! aux armes!

SCÈNE IV.

LES MÊMES, PALLAS, GÉTA.

PALLAS.

Que nous veulent ces cris de femmes et d'enfants?

CINTHIE.

Je vois déjà marcher les tours des éléphants.

SCÈNE IV.

PALLAS.

Ici que faites-vous ? Est-ce un piège où nous sommes ?
Vous semez l'épouvante au fond du cœur des hommes.
Prêtresse de malheur, qu'annonces-tu ?

CINTHIE montrant au loin le camp de Crassus.
           Voyez !

GÉTA.

Cela ? C'est la tortue au mille boucliers,
Lourde écaille d'airain qui rampe sur la rive.
Bah ! le jour sera clos avant qu'elle n'arrive.

PALLAS.

Nous cherchons le tribun. Est-il vrai qu'il a fui ?
Toi, prêtresse, réponds. Qu'avez-vous fait de lui ?
Si Spartacus n'est pas le traître qu'on suppose,
S'il n'est pas acheté pour livrer notre cause,
Montrez-nous enchaînés Scrophas et Lucius.
Le peuple est défiant. On dit que Spartacus
Les a, de cette tente introduits dans la vôtre,
Pour arrhes du marché délivrés l'un et l'autre ;
Qu'emportés sur un char à l'ombre des forêts,
Ils vendent à Crassus nos intimes secrets.

Voilà ce que l'on dit, témoin toute l'armée ;
Ce n'est rien qu'un faux bruit, sans doute, une fumée.
D'accord ; tout le premier, je m'en veux réjouir.
Mais enfin, il en est qu'on ne peut éblouir
Comme moi par un nom, tant ils sont pleins de haine.
Que l'on nous montre ici le tribun à la chaîne ;
Et les plus mutinés rentrent dans le devoir.

GÉTA.

Le tribun ! Le tribun ! Qu'on nous le fasse voir !
Par nos soins aussitôt s'apaise le tumulte.

CINTHIE à Stella.

Leur demande n'a rien qui ressemble à l'insulte ;
Il la faut accorder ; qu'avons-nous à cacher ?
Le tribun est chez nous : Stella, va le chercher.

PALLAS.

Attendons.

CINTHIE à Stella.

Obéis.

GÉTA.

Que tarde-t-elle encore ?

STELLA.

Le tribun est parti ce matin dès l'aurore.

SCÈNE IV.

CINTHIE.

Qu'entends-je ?

GÉTA.

Il est en fuite !

CINTHIE.

O jour trois fois maudit !

GÉTA.

O noire trahison !

PALLAS.

Eh bien ! qu'avais-je dit ?
Va ! de la trahison ce n'est qu'une partie.

STELLA.

Écoutez-moi d'abord, Pallas, et vous, Cinthie :
Tout ce que vous ferez après sera bien fait.
Le tribun et son fils sont libres en effet.
Pourtant ne dites pas : Spartacus est un traître !
C'est un héros. Scrophas était mon ancien maître ;
Mes mains l'ont délivré. Je le jure.

PALLAS.

Tais-toi.

STELLA.

Moi seule j'ai tout fait ; oui, vengez-vous sur moi.

PALLAS.

Par Minerve! tu mens. Dis, quels sont tes complices.
Spartacus en est un; parle, ou cours aux supplices.
Tu gardes ton secret? C'est bien; va! le bûcher
Par la main du bourreau saura te l'arracher.

STELLA.

Oui, ces mains, je l'ai dit, ont tout fait.

PALLAS s'élançant vers Stella.

Imposture!

STELLA.

C'est moi.

CINTHIE.

Pitié!

STELLA.

C'est moi.

GÉTA.

Gardes!

PALLAS.

A la torture.

(Les gardes entraînent Stella.)

SCÈNE V.

LES MÊMES, GALLUS, ESCLAVES.

PALLAS.

Soyez juges, vous tous; à vous je m'en remets.
Hier avais-je tort? dira-t-on désormais
Qu'effronté courtisan du lion populaire,
Je noircis mes amis pour flatter sa colère,
Louche esprit, ombrageux, qui médit du soleil?
Dans le complot tramé pendant votre sommeil,
Stella c'était le bras, et Spartacus la tête.
Pour l'avoir dit trop tôt, étais-je un faux prophète?

CINTHIE.

Non, vous ne croirez pas....

PALLAS.

Je te condamne aussi :
De quel front oses-tu nous défier ici?
Va chez ton Spartacus fabriquer tes oracles,
Il a dans ce moment besoin de tes miracles.

GALLUS.

Comment? Que dites-vous?

PALLAS à Gallus et aux Esclaves.

        L'ignorez-vous encor ?
Il a remis Scrophas aux Romains à prix d'or.
L'infâme ! On lui donnait l'héritage d'Attale,
Avec le droit du glaive.

GALLUS.
        Ambition fatale !

GÉTA.
C'est l'acheter bien cher, qu'en faire un petit Roi ;
Que voulait-il ? Ramper dans un sordide emploi.

GALLUS.
Plût au ciel que le sort l'eût exempté de naître !

PALLAS.
Le contrat est signé ; chacun peut le connaître.

GALLUS.
Les témoins ?

PALLAS.
        Tout le monde. Oui ; ne vous trompez pas ;
Suspectez l'ombre même attachée à vos pas :
Peut-être jusqu'ici la trahison se glisse.
Pencher vers Spartacus, c'est être son complice ;
Et je tiens criminel qui le juge innocent.

SCÈNE V.

GALLUS.

Une preuve ! une seule !

PALLAS.

On vous en montre cent :
Dans le cirque, avec nous, la première entrevue ;
Rome sur les gradins se levant à sa vue ;
Puis avec les captifs son nocturne entretien ;
L'heure, le lieu choisi, sans qu'on en sache rien ;
Les vertus des vieux temps à nos dépens jouées ;
Pour lui l'ovation, et pour vous les huées ;
Que sais-je ? mille faits, indices évidents ;
Ce faux-œil d'épervier qui regarde en dedans ;
Tout enfin ; et j'allais oublier chez le traître,
Les prisonniers changés en espions du maître.

GALLUS.

Après ce dernier trait, les mots sont superflus ;
A mon tour, je vois clair et ne résiste plus.

CINTHIE.

Pour moi, tant de forfaits m'obligent de sourire !
Je ne sais si les cieux voudront me contredire ;
Mais quand la terre aux cieux s'unirait pour tromper,
Je sais que mon mari n'est pas homme à ramper ;

Qu'il est un demi-dieu sous qui rampent les autres ;
Que sa tête, en tombant, fera tomber les vôtres.

PALLAS.

De sa chute, ce Dieu dût-il nous accabler,
Pourtant, il faudra bien, prêtresse, l'immoler,
Non pas honteusement, dans l'ombre, par derrière,
Mais en face, à l'autel, le front chargé de lierre,
Comme on fait un parjure au glaive abandonné.
Il t'appartient ! Qu'il soit par tes mains moissonné.
Les peuples à tes flancs ont ceint ce fer qui brille ;
Aiguise, moissonneuse, aiguise ta faucille :
L'épi lève trop haut sa tête dans les champs.

GÉTA.

Ceins le bandeau de cuivre et commence tes chants.
Spartacus fut toujours notre mauvais génie ;
Il a jeté sur nous un sort.

PALLAS.

    Ignominie !
Nous le vouons aux Dieux.

CINTHIE.

    Frères, y pensez-vous ?
Moi, prêtresse, immoler Spartacus, mon époux !

SCÈNE VI.

PALLAS.

Es-tu prêtresse? Enfin, il est temps qu'on le voie.

CINTHIE.

Immoler! Qui ?

GÉTA.

Regarde.

PALLAS.

Un démon te l'envoie.

SCÈNE VI.

LES MÊMES, SPARTACUS, COTYS.

GÉTA.

C'est toi qui l'as voulu, Spartacus, sois content ;
Aux mains des moissonneurs la faucille t'attend.

CINTHIE.

Ils t'accusent, ô roi, de trahir les esclaves.

GÉTA.

Nous t'avons dévoué.

SPARTACUS.

Je vous cherchais, ô braves !
Il nous reste un moment, courons à l'ennemi ;
Qu'il ne suprenne pas Spartacus endormi.

PALLAS.

Arrêtez, arrêtez ; c'est un piége qu'il dresse :
Pour vous vendre, il s'entend avec la prophétesse.

GALLUS.

Au moins, défends-toi donc ici de nous trahir.

SPARTACUS.

Si je me défendais, il faudrait vous haïr.

COTYS.

Mes yeux ont vu mourir Stella dans les supplices ;
Sa bouche a refusé d'inventer des complices.

SPARTACUS.

Les ennemis sont là, démasqués à moitié.
Hâtons-nous ; aujourd'hui, je veux combattre à pied.
J'ai tué mon cheval ; tuez aussi les vôtres :
Vainqueurs, dans le butin, nous en trouverons d'autres ;
Vaincus, est-il besoin d'un cheval chez les morts?

PALLAS.

Ah! tu veux, poings liés, nous livrer sans remords?
Stratagème innocent! Mais, sans doute, tu railles ;
Nous te connaissons trop.

SPARTACUS.
    Venez dans la bataille ;

SCÈNE VII.

Là je vous répondrai.

GALLUS.

Je te crois, je te suis.

PALLAS.

Il te perd, insensé; quitte-le!

GALLUS.

Je ne puis.

COTYS.

Suivons le cri perçant du démon de la guerre.

PALLAS.

Cri de la trahison que j'annonçai naguère!

(Tous sortent, excepté Pallas et Géta.)

SCÈNE VII.
PALLAS, GÉTA.

PALLAS.

Trop crédules toujours; trop aisés à tromper!
Ils partent. Je les suis.... Mais c'est pour le frapper.

GÉTA.

Avec Rome, en effet, s'il est d'intelligence,
Debout, derrière lui, nous serons la vengeance.

(Ils sortent.)

SCÈNE VIII.

CINTHIE, CHOEUR DE FEMMES ESCLAVES.

On entend au loin le bruit du combat.

CINTHIE.

Femmes, autour de nous, qu'on range ici les chars ;
Et le joug détaché, faites en des remparts.
Coupez vos longs cheveux, offrandes sépulcrales ;
Suspendez les lacets aux timons des cavales.
Ici, nos époux morts, comme eux sachons mourir.

UNE FEMME DU CHOEUR.

Que faut-il faire encore? O maîtresse! Où courir?

CINTHIE.

Près du taureau d'airain chantons l'hymne du glaive.

LE CHOEUR.

Que sur l'aile des vents dans la nue il s'élève!
Sur les lèvres des morts, qu'il descende aux enfers!

CINTHIE.

Fouettez les chariots du fléau de vos fers.

LE CHOEUR.

Dis-nous le signe heureux qui réjouit l'armée.

CINTHIE.

C'est quand le bouclier épousant la framée,

SCÈNE VIII.

Retentit en cadence à l'ombre des aïeux.
C'est un signe meilleur, quand d'une voix farouche,
Tout un peuple en marchant, le glaive sur la bouche,
    Fait monter son cri dans les cieux.

Levez-vous! arrivez, forts lions des arènes.
La louve et ses petits vont hurlant sous les frênes;
La sueur de l'épée inonde les genoux.
Nos époux sont vaillants, ils ont ceint leurs armures;
Et nos lèvres, ce soir, presseront leurs blessures.

LE CHOEUR.

Un vent de mort passe sur nous.

CINTHIE.

Hommes, entendez-vous, les hurlements des femmes?
Nous irons, le sein nu, remplacer les infâmes,
Et les vieillards dont l'âge accuse le déclin.
Marchez où va le chef. Si vous êtes des lâches,
A vos femmes rendez les glaives et les haches.

LE CHOEUR.

Prenez la quenouille et le lin.

CINTHIE.

Silence ! Savez-vous, ce que le vent apporte?
Un troupeau de fuyards se hâte vers la porte.

LE CHOEUR.

Nous saurons immoler ce vil troupeau perdu.

CINTHIE.

Et s'il vous faut baiser (ô noce sacrilége!)
La main qui massacra vos époux dans le piége?

LE CHOEUR montrant les lacets.

Pour nous, ces nœuds ont répondu.

CINTHIE.

D'un sang noir enivrés dans le tombeau des villes,
Je vois monter vers nous le chœur des Dieux serviles,
Qui chez l'esclave entrés lui versent leur poison.
Mais sur les monts, les Dieux qui pourraient nous défendre,
Craignant de se souiller, n'en veulent plus descendre.

LE CHOEUR.

Trahison !... Trahison !...

SCÈNE IX.

LES MÊMES, SPARTACUS blessé à mort et porté sur un bouclier par deux esclaves.

SPARTACUS à Cinthie.

L'enfant! qu'en as-tu fait? dis, malheureuse mère!

CINTHIE.

Il est libre.

SPARTACUS.

J'entends : libre comme son père.

CINTHIE.

Un berger l'a porté dans les antres des ours ;
Puisse-t-il après nous, y demeurer toujours !

SPARTACUS.

Ainsi l'espoir survit, quand tout un monde expire.
O sainte femme, entends ce qu'il me reste à dire.
Hâte-toi; de mon cou, détache ce collier ;
Enterre ici mon glaive avec mon bouclier ;
De notre enfant, un jour, ce sera l'héritage.
Ne laisse pas surtout mes armes en ôtage...

J'allais vaincre pour eux un monde vermoulu ;
Je leur donnais l'empire ; ils ne l'ont pas voulu.
Insensés, au moment où je criais : Victoire !
Ils ont dit : Trahison !.... Le monde va les croire.
Qui sait même ?... Peut-être une servile main
M'a fait là cette plaie à l'insu du Romain.
Retiens ce que j'ai dit, garde-le dans ton âme :
L'esclave perd l'esclave, et moi je meurs infâme.

CINTHIE.

Il pourra, grâce aux Dieux, s'en trouver après moi,
Qui mourant sur ton corps déposeront pour toi.
Mais d'abord étanchons le sang noir de ta veine...

SPARTACUS.

Ne perdons pas le temps dans une tâche vaine.
Mets ta main dans ma main. Pour rallier ici
L'armée autour de nous, jette un cri.

CINTHIE.

                      Les voici,
Le désespoir au front, maudissant leur ouvrage.

SPARTACUS.

O mort, endurcis-moi par avance à l'outrage.

SCÈNE X.

LES MÊMES, **PALLAS, GÉTA,** FOULE D'ESCLAVES.

GÉTA à Spartacus.

Sois maudit dans ton fils, toi qui nous as vendus !

PALLAS.

Nous diras-tu combien de deniers te sont dus ?

SPARTACUS.

Vous tuez un cadavre, amis ; faites-lui trêve ;
Portez vos coups, ailleurs, aux vivants...

PALLAS.

                                        Meurs.

GÉTA à Spartacus.

                                        Achève !

SPARTACUS.

Vous pouvez vaincre encor ;.. notre gauche est debout.
Toi commande, Géta ; remplace-moi partout.
L'Alouette gauloise est là-bas sur deux lignes,
Attendant pour charger qu'on montre mes insignes.
Prends mon manteau ; tiens. Pars, va tomber sur leur flanc,
Et Crassus est à toi, surpris dans notre camp.

GÉTA.

J'y cours. Suis-moi, Pallas.

PALLAS.

Géta serait mon maître ?
Choisi par Spartacus, Géta n'est plus qu'un traître.
Malheur à qui le suit !

SPARTACUS.

Déployez l'étendard !

GÉTA.

Gloire à toi, Spartacus ! je t'ai connu trop tard.

SPARTACUS.

Trop tard...

(Montrant l'ennemi.)

Va.

(Il meurt.)

GÉTA.

Mon œil s'ouvre à ce moment suprême ;
L'ennemi, c'est Pallas.

PALLAS.

L'ennemi, c'est toi-même,

SCÈNE X.

GÉTA.

Tant que Pallas respire, il faut quitter l'espoir.

PALLAS.

Tant que Géta survit, sa mort est un devoir.
(Ils se précipitent l'épée à la main, l'un sur l'autre.)

CINTHIE s'élançant entre eux, armée de la faucille.

Quoi ! La discorde ici !... Paix à ce corps qui tombe.
Amis, allons chercher l'union dans la tombe.
Après le sacrifice offert aux Dieux jaloux,
La prêtresse en son lit doit suivre son époux.
O beau lit nuptial ! hymen ! ô hyménée !
La faucille a fini la moisson de l'année.
(Elle se frappe de la faucille.)

SCÈNE XI.

LES MÊMES, **CRASSUS, SCROPHAS, PARMÉNON,** FOULE DE SOLDATS ROMAINS, plusieurs portent des croix de bois.

CRASSUS.

Le corps de Spartacus, l'a-t-on vu par hasard ?

SCROPHAS.

Il est là sous tes pieds, qui combat du regard.

CRASSUS.

Qu'on le cloue à la croix, chargé de ses entraves,
Et qu'une main écrive au bas : Roi des Esclaves !

SCROPHAS.

Pour la mort du héros, il faut de nobles jeux ;
Allons rouvrir le cirque après ces jours fangeux.

(Aux esclaves.)

Rois gaulois et germains, il vous siéra dans Rome,
D'illustrer en mourant le bûcher d'un tel homme.
Mais pour toi, Parménon, Jupiter m'a fléchi ;
Le peuple très-clément adopte l'affranchi.

SCÈNE XI.

CRASSUS.

A-t-on trouvé l'enfant couché près de son père?

SCROPHAS.

Non, il s'est échappé du nid de la vipère.

CRASSUS.

S'il en reste un tronçon, nous sommes les vaincus.
Romains, qu'avons-nous fait? Un autre Spartacus.

FIN.

www.ingramcontent.com/pod-product-compliance
Lightning Source LLC
Chambersburg PA
CBHW051920160426
43198CB00012B/1969